JN412270

소그룹 성경공부 교재/성장

| 인도자 지침서 |

필로는 사랑 주는 책, 사랑받는 책을 만듭니다.

인도자 지침서

소그룹 성경공부 교재/성장

초판 1쇄 인쇄 2022년 11월 10일
초판 1쇄 발행 2022년 11월 15일

지은이 배창돈
펴낸이 고경원
펴낸곳 필로 **디자인** 필로디자인

등 록 제2013-000233호(2013년 12월 6일)
주 소 서울시 양천구 목동동로 437, 1103
전 화 (02)3489-4300 **팩스** (02)3489-4329
E-mail suvackoh@naver.com

Printed in Korea.

ISBN 979-11-88480-08-1 03230

| 인도자 지침서 |

소그룹 성경공부 교재/성장

배창돈 지음

PHILO

소그룹 성경공부 교재 〈양육〉과 〈성장〉을 출간하며…

한 사람이 전도되어 잘 양육되고 성숙한 그리스도인이 되기까지는 시간이 필요하고 영적으로 돌봄을 받아야 합니다. 하나님 말씀으로 잘 양육 받고 성장의 과정을 거치면 하나님으로부터 귀하게 쓰임 받는 제자가 될 수 있습니다.

이번에 출간되는 소그룹 성경교재 〈양육〉과 〈성장〉은 소그룹 모임(순모임, 구역예배)에서 사용할 수 있도록 집필했습니다. 성경 본문 중심으로 만들어졌기에 성경을 이해하고 묵상하는데 도움이 될 것입니다.

〈양육〉편에서는 신앙의 뿌리가 되는 중요한 부분을 다루었고, 〈성장〉편에서는 영적 성장에 필요한 말씀을 삶 속에 구체적으로 적용하도록 집필하였습니다. 이 교재를 통해 많은 교회와 성도들이 도움을 얻기를 바라며, 사용에 앞서 몇 가지 사항을 숙지하기를 권합니다.

1. 이 교재는 주제 중심의 교재가 아니라 성경 본문을 중심으로 한 교재입니다.

2. 귀납적 방법으로 말씀이 주시는 교훈을 통해 함께 은혜를 나누도록 구성되어 있습니다.

3. 소그룹 지도자는 귀납적인 소그룹 인도에 익숙해야 하므로 귀납적 소그룹 인도법을 배우면 도움이 될 것입니다.

4. 소그룹 인도자는 매주 교역자의 인도로 미리 예습하고 공부를 하므로 효과를 얻을 수 있습니다.

5. 소그룹 구성원들이 미리 예습을 해오면 더 좋은 결과를 얻을 수 있습니다.

6. 하나님 말씀 앞에서 자신의 문제를 깨닫고 적용할 때 하나님께서 일하시는 것을 경험하고 성장하여 하나님 나라에 좋은 일꾼이 될 수 있습니다.

배창돈
평택대광교회 담임목사

차 례

LESSON

"울며 씨를 뿌리러 나가는 자는
반드시 기쁨으로 그 곡식 단을 가지고 돌아오리로다"

시 126:6

LESSON 01

감사 1

| 감사의 유익 |

신앙생활이 흔들릴 때 한결같이 나타나는 특징이 있다. 바로 감사가 사라지고 부정적이 되는 것이다. 왜 그런가? 신앙생활의 본질은 은혜에 대한 감사에서 출발하는 것이기 때문이다. 성경의 역사를 봐도 하나님은 감사가 없는 모습을 그냥 넘기지 않으셨다. 내 삶에 과연 감사가 있는가?

성경 본문 : 민수기 14:24-33

『[24] 그러나 내 종 갈렙은 그 마음이 그들과 달라서 나를 온전히 따랐
은즉 그가 갔던 땅으로 내가 그를 인도하여 들이리니 그의 자손이 그 땅
을 차지하리라 [25] 아말렉인과 가나안인이 골짜기에 거주하나니 너희
는 내일 돌이켜 홍해 길을 따라 광야로 들어갈지니라 [26] 여호와께서
모세와 아론에게 말씀하여 이르시되 [27] 나를 원망하는 이 악한 회중
에게 내가 어느 때까지 참으랴 이스라엘 자손이 나를 향하여 원망하는
바 그 원망하는 말을 내가 들었노라 [28] 그들에게 이르기를 여호와의
말씀에 내 삶을 두고 맹세하노라 너희 말이 내 귀에 들린 대로 내가 너
희에게 행하리니 [29] 너희 시체가 이 광야에 엎드러질 것이라 너희 중
에서 이십 세 이상으로서 계수된 자 곧 나를 원망한 자 전부가 [30] 여
분네의 아들 갈렙과 눈의 아들 여호수아 외에는 내가 맹세하여 너희에

게 살게 하리라 한 땅에 결단코 들어가지 못하리라 [31] 너희가 사로잡
히겠다고 말하던 너희의 유아들은 내가 인도하여 들이리니 그들은 너희
가 싫어하던 땅을 보려니와 [32] 너희의 시체는 이 광야에 엎드러질 것
이요 [33] 너희의 자녀들은 너희 반역한 죄를 지고 너희의 시체가 광야
에서 소멸되기까지 사십 년을 광야에서 방황하는 자가 되리라』

1. 본문을 알기 쉽게 정리하여 요약해 보라.

2. 민수기 14장 27-29절을 통해 이스라엘 백성이 가나안에 들어가지 못한 이유를 살펴보고 느낀 점을 말해보라.

* 하나님은 이스라엘 백성의 말을 다 듣고 계셨고 그 말대로 해 주셨다.

* 하나님을 원망하며 광야에서 죽는 것이 낫겠다고 한 이스라엘 백성을 광야에서 모두 죽게 하셨다.

〉〉 하나님은 감사의 말을 하는 자에게 감사제목을 주시고 원망하고 불평하는 자에게는 그 말대로 되게 해 주신다. 자신의 입에서 나오는 말은 주로 어떤 말인가? 고쳐야 할 말이 있으면 말해 보라.

3. 감사의 삶을 살아야 하는 이유에 대해 시편 50편 23절을 통해 살펴보자.

『감사로 제사를 드리는 자가 나를 영화롭게 하나니 그의 행위를 옳게 하는 자에게 내가 하나님의 구원을 보이리라』

* 감사하는 자가 하나님이 기뻐하시는 예배자가 될 수 있다.

* 감사하지 않는 자는 하나님을 영화롭게 해 드리지 못한다.

* 하나님은 감사의 예배를 받으신다.

〉〉 예배를 드릴 때 감사의 마음을 담아 예배 드리는가? 형식적이거나 생각 없이 예배를 드리지는 않는가?

4. 하나님을 신뢰하지 못하고 원망한 자들과 달리 갈렙과 여호수아가 받은 은혜는?(민 14:30)

* 원망하지 않고 하나님을 신뢰했던 여호수아와 갈렙은 가나안 땅에 들어가게 된다.

* 감사하는 자에게 하나님의 은혜가 임한다.

* 감사하는 자가 끝까지 쓰임 받는다.

* 원망하는 자에게는 사역의 열매가 없다. 감사하는 자에게 사역의 열매가 있다.

5. 민수기 14장 25절을 통해 느낀 점과 결단한 것이 있으면 말하라.

* 가나안 땅을 약속 받은 것에 대해 감사는 커녕 오히려 불평한 이스라엘 백성에게 다시 광야로 들어가도록 명령하셨다.

* 감사하면 믿음의 전진을 하지만 불평하면 퇴보하게 되고 받은 약속까지 빼앗기게 된다.

6. 성도가 감사하며 살아야 할 이유를 에베소서 2장 8절을 통해 살펴보자.

『너희는 그 은혜에 의하여 믿음으로 말미암아 구원을 받았으니 이것은 너희에게서 난 것이 아니요 하나님의 선물이라』

* 너무나 큰 감사의 제목을 받았기에 범사에 감사해야 한다.

* 우리는 예수님을 통해 최고의 큰 선물인 영생을 받았다.

* 영생을 선물을 받은 자임을 마음에 새기고 살면 우리는 모든 일에 감사할 수 있다.

7. 오늘 말씀을 통해 받은 은혜와 결단한 것을 말해 보라.

● 암송할 성구 (시편 50:23)

『감사로 제사를 드리는 자가 나를 영화롭게 하나니 그의 행위를 옳게 하는 자에게 내가 하나님의 구원을 보이리라』

LESSON **02**

감사 2

| 감사의 이유 |

태초에 사탄이 사람에게서 빼앗고자 한 것이 있다. 바로 감사하는 마음이다. 사탄은 교묘하기 그지없는 유혹으로 그것을 빼앗는데 성공했고, 사람과 하나님과의 관계는 무너지고 말았다. 중요한 것은 오늘날에도 그 공격은 계속되고 있다는 것이다. 감사가 사라지면 하나님과의 관계도 무너지게 된다. 나는 감사하는 삶을 살고 있는가 자문해 보아야 할 것이다.

성경 본문 : 창세기 2:8-9, 3:1-6

(창 2:8-9) 『[8] 여호와 하나님이 동방의 에덴에 동산을 창설하시고 그
지으신 사람을 거기 두시니라 [9] 여호와 하나님이 그 땅에서 보기에 아
름답고 먹기에 좋은 나무가 나게 하시니 동산 가운데에는 생명 나무와
선악을 알게 하는 나무도 있더라』

(창 3:1-6) 『[1] 그런데 뱀은 여호와 하나님이 지으신 들짐승 중에 가장
간교하니라 뱀이 여자에게 물어 이르되 하나님이 참으로 너희에게 동산
모든 나무의 열매를 먹지 말라 하시더냐 [2] 여자가 뱀에게 말하되 동산
나무의 열매를 우리가 먹을 수 있으나 [3] 동산 중앙에 있는 나무의 열
매는 하나님의 말씀에 너희는 먹지도 말고 만지지도 말라 너희가 죽을
까 하노라 하셨느니라 [4] 뱀이 여자에게 이르되 너희가 결코 죽지 아니
하리라 [5] 너희가 그것을 먹는 날에는 너희 눈이 밝아져 하나님과 같이

되어 선악을 알 줄 하나님이 아심이니라 [6] 여자가 그 나무를 본즉 먹음직도 하고 보암직도 하고 지혜롭게 할 만큼 탐스럽기도 한 나무인지라 여자가 그 열매를 따먹고 자기와 함께 있는 남편에게도 주매 그도 먹은지라』

1. 데살로니가전서 5장 18절을 통해 어떤 삶을 살아야 하는지 살펴보자.

『범사에 감사하라 이것이 그리스도 예수 안에서 너희를 향하신 하나님의 뜻이니라』

* 살다보면 감사할 수 없는 일도 있다. 그러나 하나님은 모든 일에 감사하며 살기를 원하신다.
* 모든 일에 감사하며 사는 것은 하나님의 뜻이다.
* 감사하지 않는 것은 불순종이라는 것이다.

2. 범사에 감사하면 어떤 유익이 있는지 말해 보라.

* 감사하면 하나님과의 관계가 좋아진다. (하나님의 뜻이기 때문이다)
* 감사하면 마음이 즐겁고 기쁘다.
* 감사하면 사람들과의 관계도 좋아진다.
* 범사에 감사하는 자는 특별한 것에 유혹 받지 않는다.
* 하와가 모든 나무의 열매에 자족하며 감사하고 살았다면 선악과에 마음을 빼앗기지 않았을 것이다.
* 모든 일에 감사하며 사는 것은 죄의 유혹을 이기는 강력한 면역력이 된다.

〉〉 감사의 유익들을 나누면서 느낀 점을 말해 보라.

3. 어떻게 하면 모든 일에 감사하며 살 수 있을까?

* 하나님께서 모든 일의 주관자이심을 믿으면 된다.
* 하나님께서 주관자이심을 믿으면 주신 것에 자족하는 마음을 갖게 된다.
* 하나님께서 주관자이심을 믿으면 어떤 상황에서도 하나님을 신뢰하므로 감사하게 된다.

4. 하와에게 접근한 사단(뱀)의 전략은?(창 3:1)

* 사단은 하와가 선악과에 관심을 가지도록 했다.
* 마음대로 먹을 수 있는 열매에 대해 자족하며 감사하는 마음은 잊어버리게 하고 오히려 먹어서는 안 되는 선악과에 마음이 빼앗기도록 했다.
* 사단은 관심을 가져서는 안 되는 것에 관심을 가지도록 한다.
* 지금 내가 있는 자리가 귀한 줄 알고 감사해야 한다.

〉〉 현재 감사해야 할 것 가운데 잊고 있는 것이 있으면 말해 보라.

* 하나님이 주신 모든 것에 감사해야 한다.
* 사단은 귀한 것을 귀하다고 여기지 못하게 한다. (예수님 · 배우자 · 부모님 · 자녀 · 교회 · 직장 · 건강 등)
* 오늘 가지고 누리고 있는 일상적인 것 모두 감사해야 한다.

5. 하와가 사단의 유혹에 넘어간 또 다른 이유를 창세기 3장 3절을 통해 살펴보자.(창 2:16-17)

* 사단은 신앙의 약한 부분을 흔들어 넘어지게 한다.
* 하와의 약한 부분은 하나님 말씀에 대한 확신이 없었다는 것이다.

(창 2:16-17) 『[16] 여호와 하나님이 그 사람에게 명하여 이르시되 동산 각종 나무의 열매는 네가 임의로 먹되 [17] 선악을 알게 하는 나무의 열매는 먹지 말라 네가 먹는 날에는 반드시 죽으리라 하시니라』

* 하나님은 선악과를 먹으면 '반드시 죽는다'고 하셨는데, 하와는 '죽을까 하노라'고 말했다.

* 하나님의 말씀에 대한 확신이 없으면 말씀을 자기 생각대로 각색하여 지키지 않는다.

6. 평소 감사가 없고 말씀에 대한 확신이 없었던 하와는 어떤 행동을 했는가? (창 3:6)

* 사단의 말을 들은 후 선악과가 너무 탐스럽게 보여서 따먹은 후에 남편에게도 선악과를 먹게 했다. 부부가 같이 하나님 말씀에 불순종하고 말았다.

* 결국 에덴동산에서 쫓겨났고 고통의 시간을 보내게 되었다.

7. 오늘 말씀을 통해 받은 은혜와 결단한 것을 말해 보라.

● 암송할 성구 (데살로니가전서 5:18)

『범사에 감사하라 이것이 그리스도 예수 안에서 너희를 향하신 하나님의 뜻이니라』

LESSON **03**

감사 3

| 감사의 제목 |

감사는 성도의 특권이라고 할 수 있다. 성도는 감사의 이유를 알고 감사하는 것이 마땅하다. 하나님을 바로 아는 자는 감사의 노래를 부르지 않을 수 없는 것이다. 하나님께서 베푸시 은혜가 너무도 크기 때문이다. 이 시간 감사생활을 점검하는 시간이 되도록 하자.

성경본문: 시편 136:1-26

『[1] 여호와께 감사하라 그는 선하시며 그 인자하심이 영원함이로다 [2]
신들 중에 뛰어난 하나님께 감사하라 그 인자하심이 영원함이로다 [3]
주들 중에 뛰어난 주께 감사하라 그 인자하심이 영원함이로다 [4] 홀로
큰 기이한 일들을 행하시는 이에게 감사하라 그 인자하심이 영원함이로
다 [5] 지혜로 하늘을 지으신 이에게 감사하라 그 인자하심이 영원함이
로다 [6] 땅을 물 위에 펴신 이에게 감사하라 그 인자하심이 영원함이로
다 [7] 큰 빛들을 지으신 이에게 감사하라 그 인자하심이 영원함이로다
[8] 해로 낮을 주관하게 하신 이에게 감사하라 그 인자하심이 영원함이
로다 [9] 달과 별들로 밤을 주관하게 하신 이에게 감사하라 그 인자하심
이 영원함이로다 [10] 애굽의 장자를 치신 이에게 감사하라 그 인자하
심이 영원함이로다 [11] 이스라엘을 그들 중에서 인도하여 내신 이에게
감사하라 그 인자하심이 영원함이로다 [12] 강한 손과 펴신 팔로 인도

하여 내신 이에게 감사하라 그 인자하심이 영원함이로다 [13] 홍해를 가
르신 이에게 감사하라 그 인자하심이 영원함이로다 [14] 이스라엘을 그
가운데로 통과하게 하신 이에게 감사하라 그 인자하심이 영원함이로다
[15] 바로와 그의 군대를 홍해에 엎드러뜨리신 이에게 감사하라 그 인자
하심이 영원함이로다 [16] 그의 백성을 인도하여 광야를 통과하게 하신
이에게 감사하라 그 인자하심이 영원함이로다 [17] 큰 왕들을 치신 이에
게 감사하라 그 인자하심이 영원함이로다 [18] 유명한 왕들을 죽이신 이
에게 감사하라 그 인자하심이 영원함이로다 [19] 아모리인의 왕 시혼을
죽이신 이에게 감사하라 그 인자하심이 영원함이로다 [20] 바산 왕 옥을
죽이신 이에게 감사하라 그 인자하심이 영원함이로다 [21] 그들의 땅을
기업으로 주신 이에게 감사하라 그 인자하심이 영원함이로다 [22] 곧 그
종 이스라엘에게 기업으로 주신 이에게 감사하라 그 인자하심이 영원함
이로다 [23] 우리를 비천한 가운데에서도 기억해 주신 이에게 감사하라
그 인자하심이 영원함이로다 [24] 우리를 우리의 대적에게서 건지신 이
에게 감사하라 그 인자하심이 영원함이로다 [25] 모든 육체에게 먹을 것
을 주신 이에게 감사하라 그 인자하심이 영원함이로다 [26] 하늘의 하나
님께 감사하라 그 인자하심이 영원함이로다』

1. 시편기자는 어떤 하나님이심을 감사하고 있는지 살펴보자.

① 5-7절

* 창조주 하나님이심을 감사하고 있다.
* 지혜로 하늘을 지으시고, 땅을 만드시고, 큰 빛인 해를 만드셔서 낮을 주관하시고, 달과 별을 만드셔서 밤을 주관하게 하신 하나님께 감사드려야 한다.

* 하나님은 인간을 참으로 오묘하게 창조하셨다.
  (예- 하루 동안 심장이 십만 삼천 칠백 번 가까이 뛴다. 몸속에 혈액은 이억 육천 팔백 팔십만 킬로미터를 달리고, 숨을 이만 삼천 번을 쉬며, 두뇌세포 칠백만 개를 사용한다.)
* 하나님께서 나를 창조하신 것에 감사해야 한다.

〉〉 하나님께서 창조주이심을 믿고 난 후 달라진 것은?

② 11절

* 구원하신 하나님께 감사하고 있다.
* 하나님께서 이스라엘 백성을 위해 홍해를 가르고 애굽에서 구원하셨다.
* 애굽에서 억압받던 이스라엘 백성에게 자유를 주셨다.
* 하나님은 우리를 죄로부터 구원해 주셨다.
* 예수님을 이 땅에 보내시고 십자가에 못박으시므로 우리를 구원해 주신 것이다.

〉〉 하나님께서 나를 구원해 주신 것에 어떻게 감사를 표현하고 있는가?

③ 16절

* 광야를 통과하도록 인도해 주신 하나님께 감사하고 있다.
* 우리가 광야 같이 힘들고 험난한 시기를 지나야 할 때가 있지만 그때도 하나님이 인도해 주심을 믿어야 한다.

〉〉 하나님께서 인도하심으로 광야 같은 어려움을 통과한 경험이 있으면 말해보라.

④ 25절

* 육체의 생명을 보존해 주시는 하나님께 감사하고 있다.
* 이 땅에서 생명을 유지하고 살아가는 것 자체가 하나님의 은혜임을 알아야 한다.
* 매일 먹을 음식을 주신 것에 깊이 감사해야 한다. (모든 식물을 하나님께서 주셨다)
* 하나님은 합당한 음식을 주심으로 하나님의 자상하고 세밀하신 사랑을 나타내셨다.

〉〉 음식을 먹을 때 마다 하나님께서 생명을 보존해 주신다는 사실에 감사하고 있는가?

2. 시편 50편 23절이 주는 교훈을 말해보라.

『감사로 제사를 드리는 자가 나를 영화롭게 하나니 그의 행위를 옳게 하는 자에게 내가 하나님의 구원을 보이리라』

* 감사하며 사는 자가 예배자로 사는 것이며 하나님께서 기뻐 받으시는 제물로 사는 것이다.
* 하나님은 감사하며 사는 자의 예배를 받아 주신다.
* 감사하며 살 때 하나님과 영적인 교제가 이루어진다.

3. 어떻게 감사생활을 해야 하는가? 에베소서 5장 20절을 통해 살펴보자.

『범사에 우리 주 예수 그리스도의 이름으로 항상 아버지 하나님께 감사하며』

〉〉 왜 항상 감사해야 할까?(살전 5:18)

〉〉 우리의 삶을 자세히 들여다보면 모든 것이 감사의 제목이다. 놓치고 있는 감사 제목이 있다면 생각나는대로 말해 보라.

* 일상적인 모든 것이 감사 제목이기에 감사의 타이밍은 바로 지금이다.
* 감사는 지속적이어야 한다. 하나님은 어떤 순간, 어떤 기간에만 감사하기를 원하시지 않는다.

4. 오늘 말씀을 통해 느낀점과 결단한 것을 나누고 합심해서 기도하자.

● 암송할 성구 (에베소서 5:20)

『범사에 우리 주 예수 그리스도의 이름으로 항상 아버지 하나님께 감사하며』

LESSON **04**

감사 4

| 감사와 은혜 |

하나님께서 주시고자 하는 은혜는 측량할 수 없을 만큼 크다. 은혜에 감사하고 은혜받기를 사모하는 자는 누구나 예외 없이 생각하지 못한 은혜를 받게 된다. 예수님을 통해 치료받은 열 명의 나병 환자를 통해 주시는 교훈을 살펴보도록 하자.

성경 본문 : 누가복음 17:11-19

『[11] 예수께서 예루살렘으로 가실 때에 사마리아와 갈릴리 사이로 지
나가시다가 [12] 한 마을에 들어가시니 나병환자 열 명이 예수를 만나
멀리 서서 [13] 소리를 높여 이르되 예수 선생님이여 우리를 불쌍히 여
기소서 하거늘 [14] 보시고 이르시되 가서 제사장들에게 너희 몸을 보
이라 하셨더니 그들이 가다가 깨끗함을 받은지라 [15] 그 중의 한 사람
이 자기가 나은 것을 보고 큰 소리로 하나님께 영광을 돌리며 돌아와
[16] 예수의 발 아래에 엎드리어 감사하니 그는 사마리아 사람이라 [17]
예수께서 대답하여 이르시되 열 사람이 다 깨끗함을 받지 아니하였느냐
그 아홉은 어디 있느냐 [18] 이 이방인 외에는 하나님께 영광을 돌리러
돌아온 자가 없느냐 하시고 [19] 그에게 이르시되 일어나 가라 네 믿음
이 너를 구원하였느니라 하시더라』

1. 나병에 대해 아는 대로 말해보라.

* 만성 전염병으로 손발의 관절이 녹아 손가락, 발가락이 떨어져 나가기도 한다.
* 당시에는 하나님의 진노로 생기는 병으로 여겼고, 제사장만이 나병을 진단할 수 있었다.
* 나병으로 진단 받으면 격리되어 진 밖에서 살아야 했다.

2. 나병환자 열 명에게서 배울 수 있는 것 두 가지를 말해 보라. (7장 12-13절)

(1) 간절히 구하는 모습을 배워야 한다.

* 예수님을 만나고 싶은 간절한 마음이 있으면 누구나 예수님을 만날 수 있다.(잠 8:17)

『나를 사랑하는 자들이 나의 사랑을 입으며 나를 간절히 찾는 자가 나를 만날 것이니라』

* 나병환자들이 예수님을 보는 것만으로 만족하지 않고 소리를 높여 "예수 선생님"이라고 불렀다.
* 주님께 가까이 나가기를 원하면 주님은 어느 틈엔가 우리 곁에 다가와 계신다.

〉〉 **나병환자처럼 간절함을 가지고 주님께 나아간 적이 있으면 말해보라? 그 결과는?**

(2) 나 자신의 모습을 바로 알아야 한다.

* 나병환자들은 자신이 주님의 은혜가 필요한 존재임을 알았다.
* 불쌍히 여겨 달라는 것은 자신의 처지를 분명히 알고 있다는 것이다.
* 사람에게 중요한 것은 소유나 명예, 지식이 아니라 자신이 누구인지 바로 아는 것이다.

3. 예수님은 어떤 분이신지 누가복음 17장 14절을 통해 살펴보라.

『보시고 이르시되 가서 제사장들에게 너희 몸을 보이라 하셨더니 그들이 가다가 깨끗함을 받은지라』

* 주님께 단지 불쌍히 여겨 달라고 외친 것뿐이었지만 주님은 그들의 간절한 마음을 알고 계셨다.
* 오늘도 주님은 자신을 긍휼히 여겨 달라고 외치는 자를 찾으신다. 그리고 다가오신다.

〉〉 예수님은 어떤 병도 치료할 수 있는 의사이시다. 자신의 병을 예수님으로부터 고침받은 경험이 있으면 말해보라.

4. 누가복음 17장 16-19절을 통해 예수님의 뜻을 살펴보자.

『[16] 예수의 발아래에 엎드리어 감사하니 그는 사마리아 사람이라 [17]
예수께서 대답하여 이르시되 열 사람이 다 깨끗함을 받지 아니하였느냐
그 아홉은 어디 있느냐 [18] 이 이방인 외에는 하나님께 영광을 돌리러
돌아온 자가 없느냐 하시고 [19] 그에게 이르시되 일어나 가라 네 믿음
이 너를 구원하였느니라 하시더라』

(1) 감사한 나병 환자가 주님으로부터 받은 은혜에 대해 말해보라.

* 열 명의 나병환자들이 예수님을 만나서 은혜를 입었다. 그 중 한 명만 예수님께 감사했다.
* 병이 나은 것에 감격한 나병환자는 예수님의 발아래 엎드려 감사했다.
* 주님은 감사의 마음을 받으시고 구원받은 자라는 선언을 해주신다.
* 주님은 감사하는 자에게 생각하지 못한 은혜를 주신다.(감사는 더 큰 은혜를 받는 길이다)

〉〉 감사를 고백한 자가 구원의 은혜까지 받게 되는 것을 보며 느낀 점을 말해보라.

(2) 17-18절 말씀을 통해 예수님의 어떤 마음이 느껴지는가?

* 예수님은 감사를 표현하기를 원하신다.

* 감사하는 것은 하나님께 영광돌리는 것이다.

〉〉 감사를 기뻐하시는 하나님께 충분히 감사를 표현하고 있다고 생각하는가?

〉〉 감사의 제목과 감사의 때를 놓치지 않고 감사하는 생활을 하기 위해 실천할 것은 무엇인가?

5. 오늘 말씀을 통해 느낀점과 결단한 것을 나누고 합심해서 기도하자.

●암송할 성구 (잠언 8:17)

『나를 사랑하는 자들이 나의 사랑을 입으며 나를 간절히 찾는 자가 나를 만날 것이니라』

LESSON 05

비판

그리스도인이 삼가야 할 행동 중에 하나가 남을 쉽게 정죄하고 비판하는 것이다. 왜냐하면 하나님께서는 마땅히 정죄 받아 마땅한 우리를 오히려 구원해 주셨기 때문이다. 그러나 이 은혜의식이 없는 사람은 남을 깎아내리면서 만족을 얻고 스스로를 높이는 것에 익숙하기 때문에 비판을 멈추지 않는다. 말씀을 통해 자신의 모습을 살펴보도록 하자.

성경 본문 : 마태복음 7:1-5

『[1] 비판을 받지 아니하려거든 비판하지 말라 [2] 너희가 비판하는 그
비판으로 너희가 비판을 받을 것이요 너희가 헤아리는 그 헤아림으로
너희가 헤아림을 받을 것이니라 [3] 어찌하여 형제의 눈 속에 있는 티는
보고 네 눈 속에 있는 들보는 깨닫지 못하느냐 [4] 보라 네 눈 속에 들보
가 있는데 어찌하여 형제에게 말하기를 나로 네 눈 속에 있는 티를 빼게
하라 하겠느냐 [5] 외식하는 자여 먼저 네 눈 속에서 들보를 빼어라 그
후에야 밝히 보고 형제의 눈 속에서 티를 빼리라』

1. 비판의 의미에 대해 말해 보라.

* '비판하다'는 '정죄하다. 심판하다' 라는 뜻이 있다.
* '비판하지 말라'는 것은, 다른 사람의 허물을 들추어 자신이 재판관인양 함부로 정죄하지 말라는 것이다.

2. 비판의 결과에 대해 말해보라.(1-2절)

* 비판하는 그 비판으로 자신도 비판을 받게 된다.
* 타인에 대한 비판은 하나님의 사랑과 긍휼을 무시하는 것으로 자신의 비판을 자초하는 결과를 가져온다.

〉〉 비판하면 도로 비판 받는다는 말씀에서 느낀점을 말해보라.

〉〉 비판받기를 좋아하는 사람은 아무도 없을 것이다. 평소에 쉽게 비판하는 습관이 있다면 솔직히 말해보라.

3. 비판하는 자는 어떤 자라고 말씀 하고 있나.(3-4절)

* 비판하는 자는 더 큰 문제를 가지고 있는 자이다.
* '티'는 작고 부분적인 죄, '들보'는 크고 전체적인 심각한 죄를 의미한다.
* 비판을 쉽게 하는 자일수록 자신은 더 문제가 많다는 사실을 깨닫지 못하고 있다고 말씀하신다.

〉〉 비판할 자격이 있는가? 없다면 그 이유를 말해보라.

* 비판할 자격은 아무에게도 주시지 않았다. 우리는 모두 완전하지 못하다.

4. '외식'의 의미를 말하고 5절이 주는 교훈을 말해 보라.

* '외식'이란 연극배우처럼 연기하는 것을 말한다.
* 비판하는 자는 외식하는 자라고 하신다. 비판하는 자는 실제로는 크고 많은 문제가 있으나 문제없는 것처럼 위장한다는 것이다.
* 먼저 자신을 살피면 남을 비판할 것이 없음을 깨닫게 된다.

5. 성도들은 서로 어떤 관계인지 아래 성경을 통해 살펴보자.

① 고린도전서 12장 27절

『너희는 그리스도의 몸이요 지체의 각 부분이라』

* 지체는 신체의 일부를 말한다.
* 지체끼리는 서로 사랑하고 이해하고 섬겨야 한다.

〉〉 지체의 약하고 아픈 부분에 대해 어떤 마음으로 대하고 있나?

② 에베소서 2장 19절

『그러므로 이제부터 너희는 외인도 아니요 나그네도 아니요 오직 성도들과 동일한 시민이요 하나님의 권속이라』

* 성도는 권속 (가족)임을 기억해야 한다.
* 가족은 서로의 문제와 약함을 아파하고 위로하고 기도해 준다.

6. 잠언 11장 12-13절을 통해 느낀 점을 말해 보라.

『[12] 지혜 없는 자는 그의 이웃을 멸시하나 명철한 자는 잠잠하느니라
[13] 두루 다니며 한담하는 자는 남의 비밀을 누설하나 마음이 신실한
자는 그런 것을 숨기느니라』

* 한담하는 자로 인해 오해와 미움이 생기고 분쟁이 일어난다. 지혜롭고 명철한 자는 다른 사람의 잘못을 덮어 주어 부끄러움을 당하지 않게 하고 오히려 허물을 덮어 줌으로 다툼을 막고 미움을 없애 서로 화합하게 해 준다.

〉〉 **자신에게 고쳐야 할 부분이 있으면 말해 보라.**

7. 오늘 말씀을 통해 받은 은혜와 결단한 것을 말해 보라.

● 암송할 성구 (마태복음 7:1-2)

『비판을 받지 아니하려거든 비판하지 말라 너희가 비판하는 그 비판으로 너희가 비판을 받을 것이요 너희가 헤아리는 그 헤아림으로 너희가 헤아림을 받을 것이니라』

LESSON **06**

옛 사람 행위 벗기

성도의 삶은 구원받기 전과 확연히 달라야 한다. 하나님은 우리의 변화에 대해 거듭남, 새로운 피조물 같은 표현을 쓰시며 타협의 여지를 남겨두지 않으셨다. 삶의 변화야말로 구원의 가장 확실한 증거이다. 내 삶의 방향이 어디로 향하고 있는지 점검하는 시간을 가지도록 하자.

성경 본문 : 골로새서 3:1-11

『[1] 그러므로 너희가 그리스도와 함께 다시 살리심을 받았으면 위의 것
을 찾으라 거기는 그리스도께서 하나님 우편에 앉아 계시느니라 [2] 위
의 것을 생각하고 땅의 것을 생각하지 말라 [3] 이는 너희가 죽었고 너
희 생명이 그리스도와 함께 하나님 안에 감추어졌음이라 [4] 우리 생명
이신 그리스도께서 나타나실 그 때에 너희도 그와 함께 영광 중에 나타
나리라 [5] 그러므로 땅에 있는 지체를 죽이라 곧 음란과 부정과 사욕과
악한 정욕과 탐심이니 탐심은 우상 숭배니라 [6] 이것들로 말미암아 하
나님의 진노가 임하느니라 [7] 너희도 전에 그 가운데 살 때에는 그 가
운데서 행하였으나 [8] 이제는 너희가 이 모든 것을 벗어 버리라 곧 분
함과 노여움과 악의와 비방과 너희 입의 부끄러운 말이라 [9] 너희가 서
로 거짓말을 하지 말라 옛 사람과 그 행위를 벗어 버리고 [10] 새 사람을
입었으니 이는 자기를 창조하신 이의 형상을 따라 지식에까지 새롭게 하

심을 입은 자니라 [11] 거기에는 헬라인이나 유대인이나 할례파나 무할례파나 야만인이나 스구디아인이나 종이나 자유인이 차별이 있을 수 없나니 오직 그리스도는 만유시요 만유 안에 계시니라』

1. 본문을 알기 쉽게 정리하여 요약해 보라.

2. 본문은 주님께서 바울 사도를 통해 하신 말씀이다. 각 구절이 주는 교훈을 말해보라.

① 골로새서 3장 1절

* 죄로 인해 영원히 죽을 수밖에 없던 우리는 그리스도와 함께 다시 살아났다. 그러므로 삶의 방향이 달라야 한다. 땅의 것을 추구하던 삶에서 위의 것을 찾아야 한다는 것이다.

* 그리스도가 계신 하늘은 우리가 이 세상에서 순례를 마치고 가야할 종착지이기에 위의 것을 추구해야 한다.

② 골로새서 3장 2절

『위의 것을 생각하고 땅의 것을 생각하지 말라』

* 2절은 현재 명령형이다. 이는 끊임없이 생각하라는 뜻이다. 이 땅에 살지만 영원한 가치가 위에 있음을 한 시도 잊지 말아야 함을 강조하고 있다.
* 세상적이고 자기중심적인 관점으로 살면 하나님의 뜻을 깨닫지 못하고 땅의 것에 집착하게 된다.

>> 그리스도인은 땅의 것에 집착하고 욕심 부리고 살아서는 안 된다. 집착하고 있는 땅의 것은 무엇인가?

③ 골로새서 3장 5-6절

* '땅에 있는 지체를 죽이라'는 것은 육체적인 욕심에 따라 살지 말라는 강한 명령이다.
* '육체를 따라 살아갈 때 짓는 죄 다섯 가지는 음란, 부정, 사욕, 악한 정욕, 탐심이다.

>> 예수 믿기 전의 모습대로 살면 하나님의 진노가 임하기에 항상 하나님의 눈을 의식하고 살아야 한다. 버려야 할 죄악은 무엇인가?

3. 골로새서 3장 7-9절의 다섯 가지 죄 중 자신에게 있는 문제는 무엇인가?

* 마음의 분함과 노여움, 악한 의도에서 나오는 비방과 같은 부끄러운 말을 하지 말아야 한다.
* '옛사람'은 타락한 죄성 가운데 살던 본성을 말한다. 새로운 피조물 된 성도는 옛 사람의 행위를 벗어 버려야 한다. 새로운 피조물이 된 자는 성령과 함께 사는 자임을 기억해야 한다.

>> 새 사람의 삶은 마음과 말에서부터의 변화이다. 자신이 변화되어야 할 것에 대해 구체적으로 말해 보라.

4. 골로새서 3장 10절이 주는 교훈을 말해보라.

* 새사람을 입은 그리스도인은 단지 이전 행위를 벗어버리는 정도가 아니라 우리를 창조하신 그분의 형상을 닮아 더욱 새로워져가야 한다.
* 우리가 닮아가야 할 분은 시시한 분이 아니라 우리를 창조하신 그리스도이시다.

5. 새사람을 입고 창조하신 이의 형상을 따라 살 때 어떤 결과를 얻게 되는지 골로새서 3장 4절을 통해 살펴보라.

* 우리는 그날에 주님과 함께 영광의 자리에 서게 된다.

〉〉 **주님과 함께 할 영광의 날에 대한 기대감을 가지고 살면 어떤 유익이 있을까?**

* 부활의 주님과 함께 영광의 자리에 함께 할 그 날을 사모하는 자가 되자.

6. 오늘 말씀을 통해 받은 은혜와 결단한 것을 말해 보라.

●암송할 성구 (골로새서 3:10)

『새 사람을 입었으니 이는 자기를 창조하신 이의 형상을 따라 지식에까지 새롭게 하심을 입은 자니라』

LESSON **07**

그리스도인의 말 1

| 말의 위력 |

말을 잘못 해서 낭패를 본 경험이 한 번쯤은 있을 것이다. 그러나 우리의 혀는 그런 일을 반복해서 만들어낸다는 것 또한 경험했을 것이다. 말 한 마디로 인해 상처받고 관계가 깨어지는 일이 얼마나 많은가? 높은 위치에 있는 사람들 역시 말로 인해 한 순간에 무너지기도 한다. 하나님께서는 우리의 말이 말씀으로 다듬어지기를 원하신다.

성경 본문 : 야고보서 3:1-10

『[1] 내 형제들아 너희는 선생 된 우리가 더 큰 심판을 받을 줄 알고 선
생이 많이 되지 말라 [2] 우리가 다 실수가 많으니 만일 말에 실수가 없
는 자라면 곧 온전한 사람이라 능히 온 몸도 굴레 씌우리라 [3] 우리가
말들의 입에 재갈 물리는 것은 우리에게 순종하게 하려고 그 온 몸을 제
어하는 것이라 [4] 또 배를 보라 그렇게 크고 광풍에 밀려가는 것들을
지극히 작은 키로써 사공의 뜻대로 운행하나니 [5] 이와 같이 혀도 작
은 지체로되 큰 것을 자랑하도다 보라 얼마나 작은 불이 얼마나 많은 나
무를 태우는가 [6] 혀는 곧 불이요 불의의 세계라 혀는 우리 지체 중에
서 온 몸을 더럽히고 삶의 수레바퀴를 불사르나니 그 사르는 것이 지옥
불에서 나느니라 [7] 여러 종류의 짐승과 새와 벌레와 바다의 생물은 다
사람이 길들일 수 있고 길들여 왔거니와 [8] 혀는 능히 길들일 사람이

없나니 쉬지 아니하는 악이요 죽이는 독이 가득한 것이라 [9] 이것으로 우리가 주 아버지를 찬송하고 또 이것으로 하나님의 형상대로 지음을 받은 사람을 저주하나니 [10] 한 입에서 찬송과 저주가 나오는도다 내 형제들아 이것이 마땅하지 아니하니라』

1. 말에 실수가 없으면 온전한 자라고 한 이유가 무엇인가?

* 거듭난 성도라고 해도 말에 실수가 없이 사는 것은 쉽지 않기 때문이다.
* 말은 그 사람의 인격이라고 할 수 있을 만큼 신앙의 척도가 된다.

〉〉 말에 자신이 있는가? 그렇지 않다면 그 이유를 말해보라.

2. 3-5절 말씀이 주는 교훈을 말해 보라.(참고-잠 18:6)

* 큰 배의 항로가 작은 키에 의해 결정 되듯이 말에 의해 자신의 인생이 결정될 수 있다는 것이다. 말의 영향력이 얼마나 큰가를 말씀하고 있다.
* 혀는 작은 지체이지만 그 영향력은 작은 불이 큰 숲을 태우는 것처럼 크다고 말씀하고 있다.

〉〉 말의 위력을 얼마나 실감하고 있는가?

〉〉 말 한 마디로 자신의 삶에 큰 영향을 받은 것이 있으면 말해보라.

* 교회 안에서 말 한마디는 교회 전체를 파괴하고 분쟁을 일으키는 무서운 결과를 가져올 수 있다.

(잠 18:6) 『미련한 자의 입술은 다툼을 일으키고 그의 입은 매를 자청하느니라』

* 어리석은 자의 입술은 분쟁을 일으키고, 자신에게도 큰 아픔이 된다.

3. 혀의 파괴력에 대해 말해보라.(6절)

* 혀는 몸의 한 부분에 불과하지만 삶 전체를 망치는 악이 될 수 있다.
* 혀의 잘못된 사용은 한 사람의 생애를 완전히 망칠 수 있다.

〉〉 혀의 엄청난 파괴력을 보면서 자신의 말은 어떤 문제가 있다고 생각하는가?

4. 7-8절은 혀를 길들이기가 힘들다고 말씀하고 있다. 길들이기 힘든 혀를 길들이기 위해 어떻게 해야 할까? 시편 141편 3절을 통해 살펴보자.

* 여러 종류의 짐승과 새와 벌레와 바다의 생물은 다 사람이 길들일 수 있지만 혀는 길들이기가 정말 어렵다고 말씀하고 있다.

(시 141:3)『여호와여 내 입에 파수꾼을 세우시고 내 입술의 문을 지키소서』

* 다윗 같은 믿음의 사람도 자신의 입술을 지켜 달라고 기도하고 있다.

〉〉 말에 실수가 없도록 하기 위해 어떤 노력을 하고 있는가?

5. 9-10절을 통해 성도들의 입에서 나와야 할 것은 무엇인지 말해보라.

* 그리스도인이 한 입에서 찬송과 저주가 나오는 것은 합당한 행동이 아님을 말씀하고 있다.
* 평생 입술에서 찬송만 나오도록 해야 하는 것이다.

〉〉 한 입에서 찬송과 저주가 나오는 모순된 삶을 살고 있지 않은지 솔직히 말해보라.

〉〉 악의적이고 거짓된 말로 험담하는 것이 얼마나 심각한 일인지 말해보라.

6. 오늘 말씀을 통해 받은 은혜와 결단한 것을 말해 보라.

●암송할 성구 (시편 141:3)

『여호와여 내 입에 파수꾼을 세우시고 내 입술의 문을 지키소서』

LESSON **08**

그리스도인의 말 2

| 말의 결과 |

이스라엘 백성이 가나안을 눈앞에 두고 광야로 되돌아간 사건은 가장 안타까운 사건 중 하나일 것이다. 약속의 땅 앞에서 정탐꾼들의 부정적인 보고가 전염병처럼 퍼져 나갔다. 그리고 하나님께 원망의 말을 쏟아내기 시작했다. 그 결과는 황량한 광야를 40년간 떠도는 것이었다. 얼마나 무섭고 안타까운 일인가?

성경 본문 : 민수기 14:25-38

『[25] 아말렉인과 가나안인이 골짜기에 거주하나니 너희는 내일 돌이켜
홍해 길을 따라 광야로 들어갈지니라 [26] 여호와께서 모세와 아론에게
말씀하여 이르시되 [27] 나를 원망하는 이 악한 회중에게 내가 어느 때
까지 참으랴 이스라엘 자손이 나를 향하여 원망하는 바 그 원망하는 말
을 내가 들었노라 [28] 그들에게 이르기를 여호와의 말씀에 내 삶을 두
고 맹세하노라 너희 말이 내 귀에 들린 대로 내가 너희에게 행하리니
[29] 너희 시체가 이 광야에 엎드러질 것이라 너희 중에서 이십 세 이상
으로서 계수된 자 곧 나를 원망한 자 전부가 [30] 여분네의 아들 갈렙과
눈의 아들 여호수아 외에는 내가 맹세하여 너희에게 살게 하리라 한 땅
에 결단코 들어가지 못하리라 [31] 너희가 사로잡히겠다고 말하던 너희
의 유아들은 내가 인도하여 들이리니 그들은 너희가 싫어하던 땅을 보

려니와 [32] 너희의 시체는 이 광야에 엎드러질 것이요 [33] 너희의 자녀들은 너희 반역한 죄를 지고 너희의 시체가 광야에서 소멸되기까지 사십 년을 광야에서 방황하는 자가 되리라 [34] 너희는 그 땅을 정탐한 날 수인 사십 일의 하루를 일 년으로 쳐서 그 사십 년간 너희의 죄악을 담당할지니 너희는 그제서야 내가 싫어하면 어떻게 되는지를 알리라 하셨다 하라 [35] 나 여호와가 말하였거니와 모여 나를 거역하는 이 악한 온 회중에게 내가 반드시 이같이 행하리니 그들이 이 광야에서 소멸되어 거기서 죽으리라 [36] 모세의 보냄을 받고 땅을 정탐하고 돌아와서 그 땅을 악평하여 온 회중이 모세를 원망하게 한 사람 [37] 곧 그 땅에 대하여 악평한 자들은 여호와 앞에서 재앙으로 죽었고 [38] 그 땅을 정탐하러 갔던 사람들 중에서 오직 눈의 아들 여호수아와 여분네의 아들 갈렙은 생존하니라』

1. 본문을 알기 쉽게 정리하여 요약해 보라.

2. 모세가 가나안 땅을 정탐하러 간 자들에게 보고하라고 한 내용은 무엇이었나? 민수기 13장 17-20절을 통해 살펴보자.

『[17] 모세가 가나안 땅을 정탐하러 그들을 보내며 이르되 너희는 네겝 길로 행하여 산지로 올라가서 [18] 그 땅이 어떠한지 정탐하라 곧 그 땅 거민이 강한지 약한지 많은지 적은지와 [19] 그들이 사는 땅이 좋은지 나쁜지와 사는 성읍이 진영인지 산성인지와 [20] 토지가 비옥한지 메마른지 나무가 있는지 없는지를 탐지하라 담대하라 또 그 땅의 실과를 가져오라 하니 그 때는 포도가 처음 익을 즈음이었더라』

* 정탐로를 알려 주고(17절), 전투력을 탐지하고(18-19절), 토양의 상태를 파악하라(20절).

* 구체적인 내용 ① 그 땅이 어떻게 생겼는지 ② 그 땅에 사는 백성이 강한지 약한지, 적은지 많은지 ③ 그 땅이 좋은 땅인지 나쁜 땅인지, ④ 그들이 사는 마을에 성벽이 있는지 아니면 훤히 트인 들판의 진과 같은지 ⑤ 토지가 기름진지 메마른지, 나무는 있는지 없는지 ⑥ 그 땅에서 자라는 열매를 가져올 것.

3. 정탐꾼의 보고에 대해 살펴보자.

(1) 갈렙의 보고 (민 13:30)

『갈렙이 모세 앞에서 백성을 조용하게 하고 이르되 우리가 곧 올라가서 그 땅을 취하자 능히 이기리라 하나』

* '그 땅을 취하자 능히 이기리라'

〉〉 **갈렙이 가나안을 능히 정복할 수 있다고 보고할 수 있었던 이유가 무엇일까? (참고 민 13:20, 삼상 13:20)**

『토지가 비옥한지 메마른지 나무가 있는지 없는지를 탐지하라 담대하라 또 그 땅의 실과를 가져오라 하니 그 때는 포도가 처음 익을 즈음이었더라』

* 갈렙은 하나님 말씀을 기억했다. 상황을 보지 않고 약속을 믿고 담대했다. 정탐 시작과 함께 주신 말씀을 기억했다. 가나안과의 전쟁도 여호와께 속했다는 사실을 믿었다. (삼상 13:20)

『또 여호와의 구원하심이 칼과 창에 있지 아니함을 이 무리에게 알게 하리라 전쟁은 여호와께 속한 것인즉 그가 너희를 우리 손에 넘기시리라』

(2) 열 명 정탐꾼의 보고(민 13:31-33)

『[31] 그와 함께 올라갔던 사람들은 이르되 우리는 능히 올라가서 그 백
성을 치지 못하리라 그들은 우리보다 강하니라 하고 [32] 이스라엘 자손
앞에서 그 정탐한 땅을 악평하여 이르되 우리가 두루 다니며 정탐한 땅은
그 거주민을 삼키는 땅이요 거기서 본 모든 백성은 신장이 장대한 자들이
며 [33] 거기서 네피림 후손인 아낙 자손의 거인들을 보았나니 우리는 스
스로 보기에도 메뚜기 같으니 그들이 보기에도 그와 같았을 것이니라』

* '그 백성을 치지 못하리라 그들은 우리보다 강하고'
* 열 명의 정탐꾼은 이스라엘 백성에게 나쁜 소식을 전해 주었다. "그들은 우리보다 강하기에 그들을 공격할 수 없다."고 했다.
* '그들은 모두 키가 매우 컸고 그 곳에서 네피림(초인적인 힘을 가진 거인족)도 보았다. 그들은 아낙 자손으로 우리 스스로 보기에 메뚜기 같다.' 고 보고했다.
* 똑같은 땅을 보고 왔지만 열 명의 평가는 가나안을 절대로 정복할 수 없다는 것이었다.

4. 정탐꾼들의 보고에 대한 이스라엘 백성의 반응은?(민 14:1-2,4)

『[1] 온 회중이 소리를 높여 부르짖으며 백성이 밤새도록 통곡하였더
라 [2] 이스라엘 자손이 다 모세와 아론을 원망하며 온 회중이 그들에게
이르되 우리가 애굽 땅에서 죽었거나 이 광야에서 죽었으면 좋았을 것
을…… [4] 이에 서로 말하되 우리가 한 지휘관을 세우고 애굽으로 돌아가
자 하매』

* 이스라엘 사람들은 패배자의 처참한 모습으로 무질서와 절망의 공동체로 바뀌었다.
* 모세를 원망하고 밤새도록 통곡하며 한 지휘관을 세워 애굽으로 돌아가자고 했다.

5. 민수기 14장 27-28절을 통해 느낀 점을 말해보라.(민 14:2)

* 하나님은 그들이 원망하며 한 말, 불신앙적인 말을 다 들으시고 그대로 행해 주겠다고 하셨다.
* 하나님은 우리의 행동을 모두 보고 계시며 우리의 말을 다 듣고 계신다.

(민 14:2)『이스라엘 자손이 다 모세와 아론을 원망하며 온 회중이 그들에게 이르되 우리가 애굽 땅에서 죽었거나 이 광야에서 죽었으면 좋았을 것을』

* 하나님은 다 들으시고 그들이 말한 대로 해 주셨다.

6. 민수기 14장 29-30절을 통해 느낀 점을 말해보라.

* 그들은 가나안의 아낙 자손에게 죽는 것보다 광야에서 죽는 것이 낫다고 했다.
* 하나님은 그들이 한 말 그대로 광야에서 죽도록 해 주셨다.

〉〉 **평소 믿음의 말을 많이 하는가? 아니면 불신앙적인 말을 많이 하는가? 고쳐야 할 말은 어떤 것이라고 생각하나?**

* 어떤 경우에도 하나님의 약속을 믿고 신뢰하므로 믿음의 말을 해야 한다.
* 복음은 헬라어로 '유앙겔리온', '기쁜 소식'으로 사람을 살리고 사람들에게 소망을 준다.
* 그리스도인은 복음을 전하고, 믿음의 말을 해야 한다.

7. 오늘 말씀을 통해 받은 은혜와 결단한 것을 말해 보라.

● 암송할 성구 (잠언 18:21)

『죽고 사는 것이 혀의 힘에 달렸나니 혀를 쓰기 좋아하는 자는 혀의 열매를 먹으리라』

9 LESSON

원망

마귀는 우리로 하여금 이미 누리고 있는 감사의 제목들보다는 지금 내 손에 없는 것에 주목하게 한다. 그래서 우리로 하여금 하나님을 원망하게 만드는 것이 마귀의 주된 공격 방법이다. 마귀는 내가 갖지 못한 것들을 화려하게 내세우며 현실의 삶에 만족하지 못하게 만든다. 이러한 영적인 공격에 승리하기 위해 말씀으로 무장하는 시간을 갖도록 하자.

성경 본문 : 민수기 11:1-11

『[1] 여호와께서 들으시기에 백성이 악한 말로 원망하매 여호와께서 들
으시고 진노하사 여호와의 불을 그들 중에 붙여서 진영 끝을 사르게 하
시매 [2] 백성이 모세에게 부르짖으므로 모세가 여호와께 기도하니 불
이 꺼졌더라 [3] 그 곳 이름을 다베라라 불렀으니 이는 여호와의 불이
그들 중에 붙은 까닭이었더라 [4] 그들 중에 섞여 사는 다른 인종들이
탐욕을 품으매 이스라엘 자손도 다시 울며 이르되 누가 우리에게 고기
를 주어 먹게 하랴 [5] 우리가 애굽에 있을 때에는 값없이 생선과 오이
와 참외와 부추와 파와 마늘들을 먹은 것이 생각나거늘 [6] 이제는 우
리의 기력이 다하여 이 만나 외에는 보이는 것이 아무 것도 없도다 하니
[7] 만나는 깟씨와 같고 모양은 진주와 같은 것이라 [8] 백성이 두루 다
니며 그것을 거두어 맷돌에 갈기도 하며 절구에 찧기도 하고 가마에 삶

기도 하여 과자를 만들었으니 그 맛이 기름 섞은 과자 맛 같았더라 [9]
밤에 이슬이 진영에 내릴 때에 만나도 함께 내렸더라 [10] 백성의 온 종
족들이 각기 자기 장막 문에서 우는 것을 모세가 들으니라 이러므로 여
호와의 진노가 심히 크고 모세도 기뻐하지 아니하여 [11] 모세가 여호
와께 여짜오되 어찌하여 주께서 종을 괴롭게 하시나이까 어찌하여 내게
주의 목전에서 은혜를 입게 아니하시고 이 모든 백성을 내게 맡기사 내
가 그 짐을 지게 하시나이까』

1. 민수기 11장 1절을 통해 느낀 점을 말해보라.

* 원망하는 백성들에 대해 하나님이 얼마나 진노하셨는가를 알 수 있다.
* 이스라엘 백성은 애굽으로부터의 해방과 약속하신 가나안 땅에 대한 감사를 잊어버렸다.

〉〉 원망하는 이스라엘 백성에게 불을 내리신 것을 통해 하나님의 어떤 마음을 알 수 있나?

* 불로 즉각 심판하신 것을 보면 하나님께서 원망을 얼마나 싫어하시는가를 알 수 있다.

2. 하나님의 진노에 대해 이스라엘 백성들은 어떤 태도를 보였나?
(2절, 고전 10:10)

* 하나님의 진노의 불을 본 이스라엘 백성들은 비명을 지르며 울부짖었다.
* 지도자 모세의 중보기도가 이스라엘 백성을 구했다.
* 하나님은 사도 바울을 통해 원망에 대해 경고하고 있다.

(고전 10:10) 『그들 가운데 어떤 사람들이 원망하다가 멸망시키는 자에게 멸망하였나니 너희는 그들과 같이 원망하지 말라』

〉〉 평소 쉽게 원망하는 습관이 있다면 말해보라.

3. 이스라엘 백성이 다시 원망한 이유와 과정을 말하고 느낀 점을 말해보라.(민 11:4-5)

* 이스라엘 백성과 섞여 사는 다른 인종들이 음식으로 원망의 불씨를 지폈다.
* 다른 인종의 탐욕의 영향을 받아 원망하였다.
* 음식으로 인한 원망이 결국 하나님의 진노를 사게 되었다.

〉〉 **원망을 통해 하나님의 진노를 사게 된다는 사실을 보며 앞으로의 각오는?**

* 쉽게 원망하는 자는 자신 뿐 아니라 주변 사람들의 삶까지 파괴시킨다. 감사 제목은 쉽게 넘기면서 원망꺼리는 쉽게 넘기지 못하는 어리석음에서 벗어나야 할 것이다.

〉〉 **다른 사람을 원망하도록 부추긴 경험이 있는가? 있다면 회개하는 시간을 가지도록 하자.**

4. 민수기 11장 6절을 통해 느낀 점을 말해보라.

* 부추, 파, 마늘은 피라미드를 짓던 일꾼들에게 식사로 제공되었고 지중해 사람들, 특히 애굽 노동자들의 반찬으로 즐겨 먹었다고 한다.
* 6절에서 기력이 다했다고 했는데 이는 실제로 기력이 다한 것이 아니라 그렇게 느끼고 있는 것 뿐이다.
* 원망은 만족을 빼앗아가기에 감사하는 삶을 살지 못하게 한다,
* 이방 사람들의 탐욕 때문에 과거에 먹었던 음식이 생각났고 불평하기 시작했다.

5. 하나님께서 주신 만나는 어떤 음식이었나?(민 11:7-9, 출 16:31)

* 만나는 하나님께서 광야 생활 가운데 제공해 주신 초자연적인 음식이다.

* 만나는 젖빛을 띤 흰색으로 모양은 진주와 같았다.

(출 16:31) 『이스라엘 족속이 그 이름을 만나라 하였으며 깟씨 같이 희고 맛은 꿀 섞은 과자 같았더라』

* 꿀 섞은 과자처럼 맛이 있었다.
* 안식일을 제외하고는 매일 하나님께서 주셨다.
* 이스라엘 백성들은 하나님께서 손수 만들어 주신 최고의 음식을 하찮게 여겼다.

6. 민수기 11장 20절이 주는 교훈을 말해보라.

『냄새도 싫어하기까지 한 달 동안 먹게 하시리니 이는 너희가 너희 중에 계시는 여호와를 멸시하고 그 앞에서 울며 이르기를 우리가 어찌하여 애굽에서 나왔던가 함이라 하라』

* 원망은 하나님 자신을 멸시한 것이라고 하셨다.
* '멸시하다'는 '증오하다', '비난하다'의 뜻이 있다. 하나님의 구원 사역을 비난하고 업신여긴 것이다.

〉〉 **쉽게 원망하는 것이 하나님을 멸시하는 것이라고 생각해 본 적이 있는가?**

7. 오늘 말씀을 통해 받은 은혜와 결단한 것을 말해 보라.

● 암송할 성구 (고린도전서 10:10)

『그들 가운데 어떤 사람들이 원망하다가 멸망시키는 자에게 멸망하였나니 너희는 그들과 같이 원망하지 말라』

10 LESSON

고난이 주는 유익

고난이 다가올 때 대부분의 사람은 고난 앞에서 두려워하고 절망한다. 그러나 믿음의 사람은 고난 가운데 함께 하시는 예수님에 대한 확신을 가져야 한다. 풍랑 앞에서 두려워하는 예수님의 제자들을 향해 주신 말씀을 통해 지금까지의 모습과 앞으로 고난을 어떻게 이겨야 할 것인지 배우도록 하자.

성경 본문 : 마가복음 4:35-41

『[35] 그 날 저물 때에 제자들에게 이르시되 우리가 저편으로 건너가자
하시니 [36] 그들이 무리를 떠나 예수를 배에 계신 그대로 모시고 가매
다른 배들도 함께 하더니 [37] 큰 광풍이 일어나며 물결이 배에 부딪쳐
들어와 배에 가득하게 되었더라 [38] 예수께서는 고물에서 베개를 베고
주무시더니 제자들이 깨우며 이르되 선생님이여 우리가 죽게 된 것을
돌보지 아니하시나이까 하니 [39] 예수께서 깨어 바람을 꾸짖으시며 바
다더러 이르시되 잠잠하라 고요하라 하시니 바람이 그치고 아주 잔잔하
여지더라 [40] 이에 제자들에게 이르시되 어찌하여 이렇게 무서워하느
냐 너희가 어찌 믿음이 없느냐 하시니 [41] 그들이 심히 두려워하여 서
로 말하되 그가 누구이기에 바람과 바다도 순종하는가 하였더라』

1. 고난이 주는 유익에 대해 시편 119편 71절을 통해 살펴보자.

『고난 당한 것이 내게 유익이라 이로 말미암아 내가 주의 율례들을 배우게 되었나이다』

* 성도에게 고난은 유익을 주고 하나님의 뜻을 깨닫게 해 준다.
* 고난을 통해 자신을 알아가고, 하나님을 바로 알게 된다.

〉〉 **고난이 오히려 유익이 된 경우가 있으면 말해보라.**

2. 본문 38절을 통해 제자들의 상태에 대해 말해보자.

* 죽음 직전까지 간 제자들은 예수님께 "죽게 된 것을 돌보지 아니하시나이까?"라고 말하며 혼란에 빠졌다.
* '왜 예수님과 함께 배를 타고 가는데 이렇게 엄청난 광풍이 닥쳐온다는 말인가?', '지금 죽게 되었는데 도대체 뭘 하고 계신 것인가?' 하는 원망의 마음까지 엿볼 수 있다.

3. 예수님이 제자들을 왜 책망하셨을까?(40절)

* 예수님이 "그래 풍랑 때문이야 두려워하지 마라"고 말씀하지 않고 "너희가 어찌 믿음이 없느냐?" 책망하셨다.
* 큰 광풍이 몰려오는 죽음의 공포 앞에서 제자들은 두려움에 빠졌다.
* 예수님은 그동안 제자들에게 많은 이적을 보여 주면서 하나님의 아들로 신성을 가진 분임을 보여 주셨다. 예수님을 그만큼 경험했으면 큰 광풍으로부터도 자신을 구원할 수 있는 분임을 믿어야 했지만 제자들은 광풍 앞에서 전혀 믿음을 보이지 않았다.

4. 본문 39절을 통해 느낀 점을 말해 보라.

* 예수님이 잠잠하라고 꾸짖으시는 말씀 한 마디에 바람 한 점 없는 호수처럼 잔잔해졌다. 언제 큰 광풍이 불었는가 할 정도로 거짓말처럼 잔잔해진 것이다.
* 예수님이 자연의 지배자임을 보여 주신 것이다.
* 예수님은 인생의 큰 광풍도 해결하실 수 있는 분이다.

〉〉 예수님이 자신에게 다가온 큰 광풍을 해결해 주신 일이 있으면 말해보라.

5. 41절이 주는 교훈을 말해보라.

(1) 제자들의 두려움을 보며 무엇을 깨닫는가?

* 제자들은 처음에는 큰 광풍을 보고 두려워했고, 지금은 예수님이 행하신 일을 보고 또 한 번 두려워한다.
* 제자들이 심히 두려워 한 것은 권능을 가지신 성자 하나님에 대한 자세가 어떠해야 함을 보여주신 것이다.(두려움은 하나님에 대한 경외심을 말한다)
* 그리스도인은 세상적인 두려움을 내려놓고 하나님을 경외해야 한다.

〉〉 하나님을 경외하고 있다면 어떤 계기로 하나님을 경외하게 되었는지, 그리고 그 결과 삶이 어떻게 달라졌는지 말해보라.

(2) "그가 누구이기에" 라는 말씀을 통해 느낀 점을 말해보라.

* 이 말은 지금까지 예수님과 함께 하면서도 예수님을 바로 알지 못했다는 말이다.
* 이 사건을 통해 머리로만 알았던 예수님을 성자 하나님으로 분명히 알게 된 것이다.

〉〉 제자들의 모습을 보면서 자신의 모습은 어떠한지 말해 보자.

6. 우리가 가져야 할 믿음에 대해 마가복음 5장 36절을 통해 살펴보자.

『예수께서 그 하는 말을 곁에서 들으시고 회당장에게 이르시되 두려워하지 말고 믿기만 하라 하시고』

* 회당장 야이로의 딸이 죽었다는 소식을 듣고 두려워하는 회당장 야이로에게 하신 말씀은 "두려워하지 말고 믿기만 하라"였다.
* 예수님은 말씀을 신뢰하는 믿음을 보고 일하시고 칭찬해 주신다.

7. 오늘 말씀을 통해 느낀점과 결단한 것을 나누고 합심해서 기도하자.

●암송할 성구 (시편 119:71)

『고난 당한 것이 내게 유익이라 이로 말미암아 내가 주의 율례들을 배우게 되었나이다』

11 LESSON

그리스도인의 교제

그리스도를 구주로 영접했다고 해서 삶이 순식간에 변하는 것은 아니다. 여전히 그대로 남아 있는 세상적인 모습들을 하나씩 바꿔 나가야 한다. 특히 다른 사람과 교제하는 모습에 관심을 가져야 한다. 교제는 신앙생활에 큰 영향을 미친다. 잘못된 교제는 신앙 성장을 가로막는 장애물이 된다. 나는 과연 세상 사람과 다른 모습으로 교제하고 있는지 진지하게 돌아보자.

성경 본문 : 사도행전 2:42-47

『[42] 그들이 사도의 가르침을 받아 서로 교제하고 떡을 떼며 오로지 기
도하기를 힘쓰니라 [43] 사람마다 두려워하는데 사도들로 말미암아 기
사와 표적이 많이 나타나니 [44] 믿는 사람이 다 함께 있어 모든 물건을
서로 통용하고 [45] 또 재산과 소유를 팔아 각 사람의 필요를 따라 나눠
주며 [46] 날마다 마음을 같이하여 성전에 모이기를 힘쓰고 집에서 떡을
떼며 기쁨과 순전한 마음으로 음식을 먹고 [47] 하나님을 찬미하며 또
온 백성에게 칭송을 받으니 주께서 구원 받는 사람을 날마다 더하게 하
시니라』

1. 초대 교회 성도들은 어떻게 교제했는가?(42절)

* 사도의 가르침을 받아 교제했다.

〉〉 사도의 가르침을 받고 교제해야 하는 이유가 무엇이라고 생각하는가?

* 세상적인 교제가 자신의 이해관계나 유익을 위한 교제라면, 성도는 주님의 말씀에 따라 교제해야 한다.
* 성도는 교제를 통해 주님을 기쁘시게 해 드리며 다른 사람에게 영적인 유익을 주어야 한다.

〉〉 말씀을 가르침받기 전과 후 교제가 어떻게 달라졌는가?

2. '떡을 떼며 오로지 기도하기에 힘쓰니라'는 말씀을 통해 느낀 점을 말해보라.(42절)

* 떡을 뗀다는 것은 주님의 성찬을 의미한다. 이는 십자가에 죽으신 주님의 사랑을 생각하며 교제했다는 것을 알 수 있다.
* '오로지 기도에 힘쓰니라'는 것은 모일 때마다 기도로 하나님과 교제하며 문제들을 내놓고 함께 기도했다는 것이다.
* 각자 다른 생각과 주장으로 교제 가운데 문제가 생기는 경우가 많다.

〉〉 주님의 십자가를 생각하며 기도로 문제를 해결해나가는 교제를 하면 어떤 유익이 있을까? 각자의 경험을 들어 말해보라.

〉〉 자신의 교제생활에서 고쳐야 할 점을 말해보라.

3. 44-45절을 통해 느낀 점을 말해보라.

* 초대 교회 성도들은 물질을 서로 나누므로 다른 지체의 유익을 생각했음을 알 수 있다.

〉〉 다른 지체의 유익을 위해 어떤 마음으로 돌아보고 있는가?

〉〉 지체들과 물질을 나눔으로 누린 은혜가 있으면 말해보라.

* 그러나 지체들을 통해 물질의 유익을 추구하려는 자세는 잘못된 것이다.

〉〉 지체들끼리 돈거래는 하지 말아야 한다. 왜 돈거래가 유익을 주지 못한다고 생각하는가?

4. 46절이 주는 교훈을 말해보라.(참고-히 10:25)

『[46] 날마다 마음을 같이하여 성전에 모이기를 힘쓰고 집에서 떡을 떼며 기쁨과 순전한 마음으로 음식을 먹고』

〉〉 마음을 같이 한다는 것은 마음이 나뉘지 않고 한 마음이 된다는 것이다. 어떻게 하면 가능할까?

* 성도들의 모임이 예수님의 십자가의 사랑을 생각하고 예수님을 주인으로 모시는 모임이 되면 분열하거나 다투지 않을 것이다.
* 초대교회 성도들의 모임은 오늘을 사는 성도들의 모임의 모델이 된다.

〉〉 주님을 모신 거룩한 모임에 열심일 때 어떤 유익이 있는가?

* 말세의 징조 중에 하나가 모이기를 등한히 하는 것이다. (히 10:25)

(히 10:25) 『모이기를 폐하는 어떤 사람들의 습관과 같이 하지 말고 오직 권하여 그 날 이 가까움을 볼수록 더욱 그리하자』

5. 47절을 통해 느낀 점을 말해보라.

* 성도들의 모임은 하나님을 찬미하는 모임이 되어야 하고 삶으로 칭찬을 받아야 한다.
* 초대교회 성도들의 아름다운 교제로 인해 주께서 구원 받는 사람을 날마다 더하게 하셨다.

〉〉 좋은 교제의 열매는 전도이다. 날마다 구원받는 사람이 많아지는 것이 하나님의 뜻이다.

〉〉 자신이 속한 공동체에 구원 받는 사람이 더해지게 하기 위해 하고 있는 일이 무엇인가?

6. 오늘 말씀을 통해 받은 은혜와 결단한 것을 말해 보라.

●암송할 성구 (히브리서 10:25)

『모이기를 폐하는 어떤 사람들의 습관과 같이 하지 말고 오직 권하여 그 날 이 가까움을 볼수록 더욱 그리하자』

12 LESSON

그리스도인의 비전

그리스도인으로 살아간다는 것은 곧 헌신의 삶을 살겠다는 뜻이다. 간혹 이런 삶이 두려워 나만의 안전지대를 설정하고 세상에서 손해보지 않으려는 사람들이 있다. 이유는 하나다. 공급자이신 하나님을 믿지 않기 때문이다. 하나님의 비전을 품고 세상을 향해 나아갈 때 우리의 필요를 채우시는 하나님을 경험하게 된다. 이 시간 말씀을 통해 하나님의 확실한 약속을 굳게 붙드는 시간이 되자.

성경 본문: 마태복음 6:25-33

『[25] 그러므로 내가 너희에게 이르노니 목숨을 위하여 무엇을 먹을까
무엇을 마실까 몸을 위하여 무엇을 입을까 염려하지 말라 목숨이 음식
보다 중하지 아니하며 몸이 의복보다 중하지 아니하냐 [26] 공중의 새를
보라 심지도 않고 거두지도 않고 창고에 모아들이지도 아니하되 너희 하
늘 아버지께서 기르시나니 너희는 이것들보다 귀하지 아니하냐 [27] 너
희 중에 누가 염려함으로 그 키를 한 자라도 더할 수 있겠느냐 [28] 또
너희가 어찌 의복을 위하여 염려하느냐 들의 백합화가 어떻게 자라는
가 생각하여 보라 수고도 아니하고 길쌈도 아니하느니라 [29] 그러나 내
가 너희에게 말하노니 솔로몬의 모든 영광으로도 입은 것이 이 꽃 하나
만 같지 못하였느니라 [30] 오늘 있다가 내일 아궁이에 던져지는 들풀도

하나님이 이렇게 입히시거든 하물며 너희일까보냐 믿음이 작은 자들아 [31] 그러므로 염려하여 이르기를 무엇을 먹을까 무엇을 마실까 무엇을 입을까 하지 말라 [32] 이는 다 이방인들이 구하는 것이라 너희 하늘 아버지께서 이 모든 것이 너희에게 있어야 할 줄을 아시느니라 [33] 그런즉 너희는 먼저 그의 나라와 그의 의를 구하라 그리하면 이 모든 것을 너희에게 더하시리라』

1. 하나님의 마음에 대해 아래 성경을 통해 살펴보자.

① 마태복음 6장 25절

* 사람은 먹고 사는 것과 목숨을 위해 염려한다.
* 사람이 염려하는 것은 악한 존재라는 증거이다.

〉〉 **그런데 예수님은 단호하게 염려하지 말라고 하신다. 그 이유가 무엇일까?**

* 예수님이 염려의 해결자이시기 때문이다.

② 마태복음 6장 32절

* 하나님은 모든 필요를 채우시는 공급자이다.
* 염려하며 사는 것은 하나님을 모르는 자와 같다고 하신다.
* 하나님은 무엇이 필요한지 다 아시고 때를 따라 공급해 주시는 분이다.

③ 마태복음 6장 33절

* 그리스도인이 가장 먼저 해야 할 일은 하나님의 나라와 하나님의 뜻을 구하는 것이다.
* 우선순위를 모르면 믿지 않는 자처럼 살게 된다.

〉〉 **하나님의 뜻이 무엇인지 생각하며 그 뜻대로 살고 있다고 말할 수 있는가?**

2. 하나님과 같은 비전을 가지고 살아야 할 이유가 무엇인지 고린도전서 3장 9절을 통해 살펴보자.

『우리는 하나님의 동역자들이요 너희는 하나님의 밭이요 하나님의 집이니라』

* 하나님의 동역자란 하나님과 함께 일하는 자를 말한다.
* 하나님은 우리가 하나님의 비전을 가지고 하나님과 동역하기를 원하신다.
* 자신의 문제에 매여 염려하는 자는 하나님 나라의 동역자가 될 수 없다.

〉〉 **하나님의 동역자라는 자부심을 가지고 있는가?**

3. 우리가 가져야 할 비전에 대해 살펴보자.

① 마태복음 24장 14절

『이 천국 복음이 모든 민족에게 증언되기 위하여 온 세상에 전파되리니 그제야 끝이 오리라』

* 모든 민족에게 복음을 전해야 한다.
* 예수님은 자신이나 눈앞에 보이는 것만 보지 말고 모든 민족을 보라고 하신다.
* 모든 민족에게 복음이 전파되고 모든 민족을 제자로 삼기를 원하신다.

〉〉 **예수님의 비전을 보면서 무엇을 느끼나?**

② 신명기 5장 27, 29절

『[27] 당신은 가까이 나아가서 우리 하나님 여호와께서 하시는 말씀을 다 듣고 우리 하나님 여호와께서 당신에게 이르시는 것을 다 우리에게 전하소서 우리가 듣고 행하겠나이다 하였느니라 [29] 다만 그들이 항상 이 같은 마음을 품어 나를 경외하며 내 모든 명령을 지켜서 그들과 그 자손이 영원히 복 받기를 원하노라』

* 하나님 말씀을 다 듣고 행하는 자가 되어야 한다.
* 하나님은 우리가 다음 세대를 살리기를 원하신다.
* 하나님을 경외하며 말씀을 잘 지키는 자는 자손이 복을 받는다.
* 어른이 하나님 말씀대로 살지 않으면 후손에게 남겨 줄 것이 없다.

〉〉 후손에 대한 비전을 가지고 하나님 말씀을 지켜 행하고 있는가?

③ 디모데후서 4장 2절

『너는 말씀을 전파하라 때를 얻든지 못 얻든지 항상 힘쓰라 범사에 오래 참음과 가르침으로 경책하며 경계하며 권하라』

* 이 세상에서 최고의 가치는 영원한 생명을 전하는 것이다.
* 비전의 사람은 부지런히 복음을 전파한다.
* 지금 전하는 복음이 엄청난 열매가 될 것이다.

4. 비전의 사람이 가져야 할 자세는?

① 누가복음 19장 17절

『주인이 이르되 잘하였다 착한 종이여 네가 지극히 작은 것에 충성하였으니 열 고을 권세를 차지하라 하고』

* 맡은 일에 충성하라.
* 먼저 예배에 성실하라. 경건생활에 충실하라.
* 작은 일에 충성하면 더 큰 일을 맡겨 주신다.

② 시편 126편 6절

『울며 씨를 뿌리러 나가는 자는 반드시 기쁨으로 그 곡식 단을 가지고 돌아오리로다』

* 인내하며 씨를 뿌리라. 반드시 열매가 있다.

〉〉 열매를 기대하며 인내하고 있는 것은 무엇인가?

5. 오늘 말씀을 통해 받은 은혜와 결단한 것을 말해 보라.

●암송할 성구 (시편 126: 6)

『울며 씨를 뿌리러 나가는 자는 반드시 기쁨으로 그 곡식 단을 가지고 돌아오리로다』

LESSON 13

세상을 향한 마음

은혜로 구원받은 자에게 당연히 나타나야 할 반응이 있다면 그것은 사랑의 마음이다. 받은 사랑을 기억하지 않고 냉담하다면 그는 아직 은혜를 잘 모르는 것이다. 하나님은 구원 받은 사랑을 세상에 베푸는 자를 기뻐하신다. 이 시간 말씀을 통해 내 마음에 여전히 굳어 있는 딱딱한 부분을 깨는 시간을 가지자.

성경 본문 : 누가복음 10:30-37

『[30] 예수께서 대답하여 이르시되 어떤 사람이 예루살렘에서 여리고로
내려가다가 강도를 만나매 강도들이 그 옷을 벗기고 때려 거의 죽은 것
을 버리고 갔더라 [31] 마침 한 제사장이 그 길로 내려가다가 그를 보고
피하여 지나가고 [32] 또 이와 같이 한 레위인도 그 곳에 이르러 그를
보고 피하여 지나가되 [33] 어떤 사마리아 사람은 여행하는 중 거기 이
르러 그를 보고 불쌍히 여겨 [34] 가까이 가서 기름과 포도주를 그 상처
에 붓고 싸매고 자기 짐승에 태워 주막으로 데리고 가서 돌보아 주니라
[35] 그 이튿날 그가 주막 주인에게 데나리온 둘을 내어 주며 이르되 이
사람을 돌보아 주라 비용이 더 들면 내가 돌아올 때에 갚으리라 하였으
니 [36] 네 생각에는 이 세 사람 중에 누가 강도 만난 자의 이웃이 되겠
느냐 [37] 이르되 자비를 베푼 자니이다 예수께서 이르시되 가서 너도
이와 같이 하라 하시니라』

1. 제사장과 레위인을 보며 아쉬운 점은 무엇인가?(31-32절)

* 강도 만난 자를 보고 그대로 지나친 제사장은 성전의 제사를 주관하는 자, 레위인은 성전에서 제사장을 보좌하는 사역자이다. 이들은 지위와 신앙의 경력에 맞지 않는 행동을 하였다.
* 제사장이 그곳을 마침 지나가고 있었다는 것은 하나님께서 섬길 수 있는 기회를 주신 것이다. 제사장은 한 사람을 살릴 수 있는 기회를 놓치고 말았다.
* 제사장은 하나님께서 덤으로 주신 기회를 부담스럽게 여겼다.
* 하나님은 우리에게 전혀 생각하지도 않던 기회를 주기도 하신다.

〉〉 생각지 않은 섬김의 기회를 놓치지 않고 잘 섬긴 경험과 그 결과에 대해 말해 보라.

2. 디모데후서 3장 5절을 통해 느낀 점을 말해 보라.

(딤후 3:5) 『경건의 모양은 있으나 경건의 능력은 부인하니 이같은 자들에게서 네가 돌아서라』

* 그럴싸하게 포장만 하지 말고 내용 있는 자가 되라고 하신다.

〉〉 신앙의 경력, 직분, 신앙의 지식을 자랑하지는 않는가?

3. 사마리아 사람은 제사장이나 레위인과 무엇이 다른가?(33절)

『어떤 사마리아 사람은 여행하는 중 거기 이르러 그를 보고 불쌍히 여겨』

* 불쌍히 여기는 마음, 즉 긍휼히 여기는 마음이 있었다.

4. 우리가 왜 긍휼히 여기는 마음을 가져야 하는지 말해 보라.

* 긍휼히 여기는 마음이란 가엾게(불쌍히) 여기는 마음으로 원어는 '라함'이라는 '자궁'에서 유래된 말이다.
* 자기의 태에서 나온 자녀에 대한 감정으로 젖을 빠는 아기를 보며 느끼는 반응을 말한다.
* 우리 모두 긍휼히 여기는 마음이 필요하다. 하나님으로부터 긍휼히 여김을 받았기 때문이다.
* 하나님의 긍휼히 여기시는 마음 때문에, 예수님의 십자가 사랑으로 구원 받았다.

5. 아래 성경을 통해 느낀 점을 말해 보라.

① 마태복음 9장 13절

『너희는 가서 내가 긍휼을 원하고 제사를 원하지 아니하노라 하신 뜻이 무엇인지 배우라 나는 의인을 부르러 온 것이 아니요 죄인을 부르러 왔노라 하시니라』

* 하나님의 한량없는 사랑, 우리를 불쌍히 여기시는 마음 때문에 우리가 구원 받은 것이다.
* 예수님은 긍휼히 여기는 마음으로 죄인을 구원하셨다.
* 긍휼히 여기는 마음이 없으면 남을 정죄하고 남을 용납할 수가 없게 된다.
* 긍휼히 여기는 마음이 없으면 다른 사람을 이해하지 못하고 비난하고 정죄하게 된다.
* 긍휼히 여기는 마음은 가정과 교회, 국가 등 모든 공동체를 사랑의 공동체로 세운다.
* 긍휼이 여기는 마음이 모든 것을 회복시킨다.

〉〉 **긍휼히 여기는 마음이 있는가?**

* 긍휼히 여기는 마음을 가지기를 소원하고 기도하자.

② 마태복음 5장 7절

『긍휼히 여기는 자는 복이 있나니 그들이 긍휼히 여김을 받을 것임이요』

* 긍휼히 여기는 마음을 가진 자는 복된 자로 하나님이 좋아하신다.

* 외적인 조건이나 경력, 직분보다 더 귀하게 보시는 것이 긍휼의 마음이다.

* 우리가 긍휼히 여기는 마음을 가질 때 하나님도 우리를 긍휼히 여기실 것이다.

6. 누가복음 10장 34-35절을 통해 느낀 점을 말해 보라.

『[34] 가까이 가서 기름과 포도주를 그 상처에 붓고 싸매고 자기 짐승에 태워 주막으로 데리고 가서 돌보아 주니라 [35] 그 이튿날 그가 주막 주인에게 데나리온 둘을 내어 주며 이르되 이 사람을 돌보아 주라 비용이 더 들면 내가 돌아올 때에 갚으리라 하였으니』

* 긍휼의 마음으로 상처를 싸매고 돌보아 주었다.

* 긍휼의 마음이 있었기에 죽어가는 사람을 구하고 끝까지 돌보아 주었다.

* 사마리아인은 끝까지 강도 만난 사람을 책임졌다.

7. 예수님은 바로 사마리아 사람을 인정해 주셨다. 아래 성경을 통해 느낀 점을 말해 보라.

①요한일서 4장 8절

『사랑하지 아니하는 자는 하나님을 알지 못하나니 이는 하나님은 사랑이심이라』

* 하나님을 제대로 아는 자는 제사장도 레위인도 아니었다. 사마리아 사람이었다.

* 성경적인 지식이나 신앙의 경력으로 하나님을 안다고 말할 수 없다 사랑하는 자가 하나님을 아는 자이다.

② 고린도전서 8장 3절

『또 누구든지 하나님을 사랑하면 그 사람은 하나님도 알아 주시느니라』

* 하나님의 뜻을 행하는 자가 하나님을 사랑하는 자이다.

* 하나님을 사랑하면 하나님이 인정해 주신다.

8. 오늘 말씀을 통해 받은 은혜와 결단한 것을 말해 보라.

● 암송할 성구 (요한일서 4:8)

『사랑하지 아니하는 자는 하나님을 알지 못하나니 이는 하나님은 사랑이 심이라』

14 LESSON

주일 1

| 주일의 의미 |

하나님께서는 칠일 마다 한 번씩 쉼을 누리도록 안식일을 만드셨다. 그 안식일은 지금 주일로 지켜지고 있다. 그러나 오늘날 그리스도인들의 삶을 들여다보면 하나님께서 구별하신 날을 구별하지 않고 있다. 하나님은 주일에 하나님 안에서 참된 즐거움을 찾기 원하신다. 주일을 어떻게 보내야하는지 살펴보자.

성경 본문 : 출애굽기 16:21-30

『[21] 무리가 아침마다 각 사람은 먹을 만큼만 거두었고 햇볕이 뜨겁게
쬐면 그것이 스러졌더라 [22] 여섯째 날에는 각 사람이 갑절의 식물 곧
하나에 두 오멜씩 거둔지라 회중의 모든 지도자가 와서 모세에게 알리
매 [23] 모세가 그들에게 이르되 여호와께서 이같이 말씀하셨느니라 내
일은 휴일이니 여호와께 거룩한 안식일이라 너희가 구울 것은 굽고 삶
을 것은 삶고 그 나머지는 다 너희를 위하여 아침까지 간수하라 [24] 그
들이 모세의 명령대로 아침까지 간수하였으나 냄새도 나지 아니하고 벌
레도 생기지 아니한지라 [25] 모세가 이르되 오늘은 그것을 먹으라 오
늘은 여호와의 안식일인즉 오늘은 너희가 들에서 그것을 얻지 못하리라
[26] 엿새 동안은 너희가 그것을 거두되 일곱째 날은 안식일인즉 그 날
에는 없으리라 하였으나 [27] 일곱째 날에 백성 중 어떤 사람들이 거두

러 나갔다가 얻지 못하니라 [28] 여호와께서 모세에게 이르시되 어느 때까지 너희가 내 계명과 내 율법을 지키지 아니하려느냐 [29] 볼지어다 여호와가 너희에게 안식일을 줌으로 여섯째 날에는 이틀 양식을 너희에게 주는 것이니 너희는 각기 처소에 있고 일곱째 날에는 아무도 그의 처소에서 나오지 말지니라 [30] 그러므로 백성이 일곱째 날에 안식하니라』

1. 여섯째 날에 만나를 갑절로 주신 이유는 안식일 때문이다. 아래 성경을 보고 느낀 점을 말해 보라.(23절)

① 출애굽기 20장 8절

『안식일을 기억하여 거룩하게 지키라』

* 하나님은 모든 것을 창조하신 후에 안식일을 제정하시고 안식일을 지킬 것을 강조하셨다.
* 십계명에서도 네 번째 계명으로 안식일을 지키라고 말씀하셨다. 안식일을 지키는 것을 얼마나 중요하게 여기시는가를 알 수 있다.

② 창세기 2장 3절

『하나님이 그 일곱째 날을 복되게 하사 거룩하게 하셨으니 이는 하나님이 그 창조하시며 만드시던 모든 일을 마치시고 그 날에 안식하셨음이니라』

* 하나님은 안식일을 통해 복을 주고자 하셨다.
* 안식일 제도가 사람에게 복된 제도임을 알 수 있다.
* 안식일을 거룩하게 하셨다는 것은 구별하셨다는 뜻이다.

2. 안식일과 주일에 대해 말해보라.

* 안식일은 예수님께서 부활하신 후부터 주일로 지키고 있다.

* 주일은 예수님께서 부활하신 날이다.
* 주일을 지킬 때 안식일을 통해 우리에게 주신 말씀의 의미를 마음에 새기며 지켜야 한다.
* 안식일의 의미를 통해 주일을 어떻게 지켜야 할 것인지를 알 수 있다.

3. 출애굽기 16장 25-27절을 통해 느낀 점을 말해 보라.

『[25] 모세가 이르되 오늘은 그것을 먹으라 오늘은 여호와의 안식일인즉
오늘은 너희가 들에서 그것을 얻지 못하리라 [26] 엿새 동안은 너희가 그
것을 거두되 일곱째 날은 안식일인즉 그 날에는 없으리라 하였으나 [27]
일곱째 날에 백성 중 어떤 사람들이 거두러 나갔다가 얻지 못하니라』

* 안식일에는 만나를 얻을 수 없음을 말씀하셨음에도 사람들 중에는 들에 거두러 나간 사람들이 있었다. 하지만 아무것도 얻지 못했다. 헛수고만 한 것이다.
* 욕심 때문에 불순종한 자들은 말씀에 대한 확신이 없는 자들이었다.
* 주일에도 열심히 일하면 그래도 이득이 있을 것이라고 생각하지만 결과는 무익하다
* 그러므로 엄격히 따져보면 주일에 일한 것은 헛수고임을 알아야 한다.
* 하나님께서 안식일에 양식을 얻으러 들로 나가지 말라는 것은 재물의 공급자가 하나님이심을 말씀하신 것이다.

〉〉 **하나님 말씀을 확신하여 순종하므로 누린 은혜가 있으면 말해 보라.**

4. 하나님은 안식을 주시는 분이다. 출애굽기 23장 12절을 통해 느낀 점을 말해 보라.

『너는 엿새 동안에 네 일을 하고 일곱째 날에는 쉬라 네 소와 나귀가 쉴 것이며 네 여종의 자식과 나그네가 숨을 돌리리라』

* 안식일은 휴일이라고 하셨다.
* 안식일은 하나님께서 이 세상을 창조하시고 칠일 째 휴식하신 것을 기념하는 날로 쉼의 시간, 즉 안식을 통해 하나님이 주시는 새로운 힘을 얻는 날이다.

* 하나님께서는 사람을 만드실 때 안식이 필요한 존재로 만드셨다. 6일 일하고 7일을 살 수 있도록 하셨다.
* 모든 피조물도 쉼이 필요하다.

〉〉 **주일을 잘 지키고 있는가?**

* 주일은 쉬면서 하나님을 찬양하고 예배 드려야 한다.

〉〉 **주일을 잘 지키기 위해 바꾸어야 할 것이 있으면 말해보라.**

5. 요한계시록 21장 4절을 통해 느낀 점을 말해 보라.

『모든 눈물을 그 눈에서 닦아 주시니 다시는 사망이 없고 애통하는 것이나 곡하는 것이나 아픈 것이 다시 있지 아니하리니 처음 것들이 다 지나갔음이러라』

* 안식일을 통해 영원한 안식이 있음을 미리 알려 주셨다.
* 천국은 영원한 쉼의 장소이다.
* 믿음의 사람들에게는 영원한 안식이 보장되어 있다.
* 그곳은 아픔도 없고 이별도 없다.

6. 오늘 말씀을 통해 받은 은혜와 결단한 것을 말해 보라.

● 암송할 성구 (창세기 2:3)

『하나님이 그 일곱째 날을 복되게 하사 거룩하게 하셨으니 이는 하나님이 그 창조하시며 만드시던 모든 일을 마치시고 그 날에 안식하셨음이니라』

15 LESSON

주일 2

| 주일이 주는 즐거움 |

하나님은 모든 것을 창조하신 후에 안식일 제도를 만드시고 안식일을 지키라고 하셨다. 안식일은 하나님이 세상을 창조하신 후 만든 최초의 제도임을 생각하면 사람에게 얼마나 중요한 날인가를 알 수 있다. 십계명에서도 네 번째 계명으로 안식일을 지키라고 말씀하신 것을 보면 하나님이 안식일을 얼마나 중요하게 여기시는가를 알 수 있다. 안식일은 예수님이 십자가에서 죽으시고 부활하신 후부터 주일로 지키고 있다. 주일은 예수님이 부활하신 날이다. 주일을 지킬 때 안식일의 정신과 의미를 마음에 새기며 지켜야 한다.

성경 본문 : 이사야 58:13-14

『[13] 만일 안식일에 네 발을 금하여 내 성일에 오락을 행하지 아니하고 안식일을 일컬어 즐거운 날이라, 여호와의 성일을 존귀한 날이라 하여 이를 존귀하게 여기고 네 길로 행하지 아니하며 네 오락을 구하지 아니하며 사사로운 말을 하지 아니하면 [14] 네가 여호와 안에서 즐거움을 얻을 것이라 내가 너를 땅의 높은 곳에 올리고 네 조상 야곱의 기업으로 기르리라 여호와의 입의 말씀이니라』

1. 예레미야 17장 22-23절을 통해 예레미야 선지자가 살던 시대가 어떠했는지 말해보라.

(렘 17:22-23) 『[22] 안식일에 너희 집에서 짐을 내지 말며 어떤 일이라도 하지 말고 내가 너희 조상들에게 명령함 같이 안식일을 거룩히 할지어다 [23] 그들은 순종하지 아니하며 귀를 기울이지 아니하며 그 목을 곧게 하여 듣지 아니하며 교훈을 받지 아니하였느니라』

* 예레미야 선지자가 살던 시대에 하나님이 사람들에게 즐거움을 주기 위해 안식일을 거룩하게 지키라고 하셨다. 그러나 이스라엘 백성들은 안식일을 가볍게 여겼다.
* 남유다에 속한 백성들은 안식일을 형식적으로 지키고 자신들의 쾌락과 오락을 즐기는 일에 빠져 살았다. 안식일을 지키라는 말씀을 도무지 듣지 않았음을 알 수 있다.

2. 예레미야 17장 27절은 유다 백성이 살 수 있는 길을 말씀하고 있다. 내용을 보며 느낀 점을 말해보라.

(렘 17:27) 『그러나 만일 너희가 나를 순종하지 아니하고 안식일을 거룩되게 아니하여 안식일에 짐을 지고 예루살렘 문으로 들어오면 내가 성문에 불을 놓아 예루살렘 궁전을 삼키게 하리니 그 불이 꺼지지 아니하리라 하셨다 할지니라 하시니라』

* 안식일을 준수하지 않을 때 그 결과는 예루살렘 멸망으로 이어질 것임을 말씀하고 있다.
* 이스라엘의 흥망성쇠가 안식일을 지키는데 달려있다고 말씀하신 것이다. 안식일을 참되게 지키는 것이 신앙생활의 첫걸음임을 말씀하신다.

〉〉 주일 성수를 가볍게 여기는 것을 심각하게 받아들이는가?

〉〉 이 말씀을 통해 깨달은 것은 무엇인가?

3. 이사야 58장 13절에 '여호와의 성일을 존귀한 날이라 하여 이를 존귀하게 여기고'라고 말씀하고 있다. 주일을 어떻게 여기고 있는지 솔직히 말해보라.

* 주일을 존귀히 여기라고 말씀하고 있다.

〉〉 **주일을 존귀한 날로 여기고 지키기 위해 바꾸어야 할 것이 있는가? 있다면 어떻게 순종할 것인지 말해보라.**

4. 본문 13절 하반절에서 '네 길로 행하지 아니하며 네 오락을 구하지 아니하며 사사로운 말을 하지 아니하면'이라는 말씀은 주일을 마음대로 사용하는 것에 대한 경고라고 할 수 있다. 주일에 어떻게 지내는지 말해보라.

* 하나님은 우리가 이 땅에 사는 날을 선물로 주신 분이기에 우리가 사용하는 날에 대해 말씀할 수 있는 권한이 있는 분이시다.

5. 이사야 58장 13절에서 '안식일을 일컬어 즐거운 날이라'하라고 말씀하고 있다. 이는 안식일이 '즐거움을 주는 날'로 하나님 안에서 즐거움을 누릴 수 있음을 알려주고 있다. 주일을 어떤 자세로 지키는지 말해보라.

* 주일을 즐겁게 잘 지킬 때 하나님은 반드시 그 대가를 주신다.

〉〉 **어떻게 하면 주일을 즐거운 날로 지킬 수 있겠는가?**

6. 주일을 지킴으로 하나님께서 주시는 즐거움은 어떤 즐거움일까? 이사야 58장 14절을 통해 살펴보자.

(1) 땅의 높은 곳에 올리고

(이사야 58:14) 『네가 여호와 안에서 즐거움을 얻을 것이라 내가 너를 땅의 높은 곳에 올리고 네 조상 야곱의 기업으로 기르리라 여호와의 입의 말씀이니라』

* 하나님은 주일을 잘 지키는 자에게 번영을 약속하셨다. '여호와의 입의 말이니라'고 엄하게 말씀하시므로 주일을 지키는 것이 얼마나 큰 복이 되는가를 알려주신다.

(2) 네 조상 야곱의 기업으로 기르리라

* '너희 조상 야곱이 물려준 땅의 작물로 너희를 먹이겠다'는 의미이다.
* 주일을 지키는 자의 생업에 간섭하시겠다는 말씀으로 하나님께서 공급자가 되어 주시겠다는 약속이라고 할 수 있다.

〉〉 주일을 지키는 자에게 복을 약속하신 하나님의 말씀을 통해 깨달은 바를 말해보라.

7. 말씀을 통해 느낀 점과 결단한 것을 말해보라.

● 암송할 성구 (이사야 58:14)

『네가 여호와 안에서 즐거움을 얻을 것이라 내가 너를 땅의 높은 곳에 올리고 네 조상 야곱의 기업으로 기르리라 여호와의 입의 말씀이니라』

16 LESSON

건강한 성도

신앙생활을 하다보면 지체라는 말을 자주 듣고 사용하게 된다. 그 말의 무게를 진정으로 이해하면 결코 가볍게 말할 수는 없는 단어이다. 지체는 머리의 뜻에 따라 움직인다. 또한 다른 모든 지체와 협력하여 몸을 움직여간다. 하나님은 참으로 탁월한 용어를 통해 우리에게 성도의 삶을 가르치고자 하신 것이다. 이 시간 그 삶을 배워보도록 하자.

성경 본문 : 고린도전서 12:18-27

『[18] 그러나 이제 하나님이 그 원하시는 대로 지체를 각각 몸에 두셨으
니 [19] 만일 다 한 지체뿐이면 몸은 어디냐 [20] 이제 지체는 많으나 몸
은 하나라 [21] 눈이 손더러 내가 너를 쓸 데가 없다 하거나 또한 머리
가 발더러 내가 너를 쓸 데가 없다 하지 못하리라 [22] 그뿐 아니라 더
약하게 보이는 몸의 지체가 도리어 요긴하고 [23] 우리가 몸의 덜 귀히
여기는 그것들을 더욱 귀한 것들로 입혀 주며 우리의 아름답지 못한 지
체는 더욱 아름다운 것을 얻느니라 그런즉 [24] 우리의 아름다운 지체
는 그럴 필요가 없느니라 오직 하나님이 몸을 고르게 하여 부족한 지체
에게 귀중함을 더하사 [25] 몸 가운데서 분쟁이 없고 오직 여러 지체가
서로 같이 돌보게 하셨느니라 [26] 만일 한 지체가 고통을 받으면 모든
지체가 함께 고통을 받고 한 지체가 영광을 얻으면 모든 지체가 함께 즐
거워하느니라 [27] 너희는 그리스도의 몸이요 지체의 각 부분이라』

1. 교회와 나와의 관계를 고린도전서 12장 27절을 통해 살펴보라.

『너희는 그리스도의 몸이요 지체의 각 부분이라』

* 성도는 그리스도의 몸에 속한 지체라고 말씀한다. 예수님을 구세주로 영접하는 순간 그리스도의 몸인 교회의 지체가 된다.
* '지체'는 헬라어로 '멜로스'라는 단어로 '몸의 한 부분'이라는 의미이다.

〉〉 **예수님을 인격적으로 영접했다면 그리스도의 몸의 일부인 지체가 되었다. 지체로서 몸을 위해 어떤 자세를 가져야 할까?**

* 지체는 몸을 위해 존재한다. 그러므로 몸을 위해 평생 헌신하고 사랑해야 한다.

2. 아래 성경을 통해 느낀 점을 말해 보라.

① 고린도전서 12장 21절

『눈이 손더러 내가 너를 쓸 데가 없다 하거나 또한 머리가 발더러 내가 너를 쓸 데가 없다 하지 못하리라』

* 눈이 매우 매력적이어서 눈만으로도 사람들을 사로잡는다고 해서 손은 쓸데없다고 말할 수 없다. 아무리 중요한 지체도 다른 지체 없이는 존재할 수 없다.
* 모든 지체는 다른 지체를 섬기고 또 섬김을 받아야 몸이 정상적인 기능을 할 수 있다.

〉〉 **다른 지체를 향해 어떤 태도를 가져야 한다고 생각하나?**

② 고린도전서 12장 22-23절

『[22] 그뿐 아니라 더 약하게 보이는 몸의 지체가 도리어 요긴하고 [23] 우리가 몸의 덜 귀히 여기는 그것들을 더욱 귀한 것들로 입혀 주며 우리의 아름답지 못한 지체는 더욱 아름다운 것을 얻느니라 그런즉』

* 우리 몸에 귀하지 않은 지체는 없다. 모든 지체는 다 귀하다.
* 겉보기에 아름답지 못한 지체일지라도 몸을 건강하게 하고 아름답게 한다. 작고 볼품없고 약하게 보이는 지체일지라도 가볍게 여겨서는 안 된다.

〉〉 다른 지체를 무시하거나 업신여기는 경향이 있다면 어떻게 고쳐야 할 것인지 말해보라.

③ 고린도전서 12장 25절

『몸 가운데서 분쟁이 없고 오직 여러 지체가 서로 같이 돌보게 하셨느니라』

* 지체들은 결코 분쟁해서는 안 된다.
* 한쪽 다리가 아파서 제 역할을 못한다고 건강한 다리가 미워하고 무시해서는 안 된다. 오히려 약한 다리를 도와서 잘 돌봐 주어야 한다.
* 지체는 각기 성격도 재능도 다르기에 서로 이해하고 사랑해야 한다.
* 다른 지체의 부족한 부분에 대해 이해하고 약한 부분을 도울 때 화목한 교회, 건강한 교회가 될 수 있다.
* 어떤 이유이든 지체들끼리 다투면 안 된다.

〉〉 미움이나 다툼으로 불편한 관계인 지체에게 어떻게 대해야 할까? 오늘 주신 말씀을 통해 해결책을 말해보라.

④ 고린도전서 12장 26절

『만일 한 지체가 고통을 받으면 모든 지체가 함께 고통을 받고 한 지체가 영광을 얻으면 모든 지체가 함께 즐거워하느니라』

* 교회는 함께 느끼는 공동체로 다른 지체의 기쁨과 아픔을 함께 느낀다. (이가 아프면 온 몸이 아픈 것과 같다)
* 건강한 교회는 건강한 성도 한 사람 한 사람에 의해 세워진다. 모든 지체가 각자 맡은 일을 잘 감당하고 다른 지체를 사랑할 때 가능하다.

〉〉 우리 교회가 건강한 교회로 성장하기 위해 내가 해야 할 역할이 무엇이라고 생각하는가?

3. 요한복음 17장 23절을 통해 느낀 점을 말해 보라.

『곧 내가 그들 안에 있고 아버지께서 내 안에 계시어 그들로 온전함을 이루어 하나가 되게 하려 함은 아버지께서 나를 보내신 것과 또 나를 사랑하심 같이 그들도 사랑하신 것을 세상으로 알게 하려 함이로소이다』

* 예수님이 십자가에 돌아가시기 전에 마지막으로 하신 기도의 핵심은 하나가 되게 해 달라는 것이었다.
* 예수님의 관심은 성도들이 하나가 되어 교회가 교회 역할을 잘 감당하는 것이었다.
* 교회가 하나 되지 않으면 영혼을 구원할 수 없기 때문에 이렇게 기도하신 것이다.

〉〉 **교회가 하나 되도록 힘쓰고 있는 일이 있으면 말해보라.**

* 모든 일에 주님의 뜻이 무엇인가를 생각하고 행동하면 하나가 될 수 있다.
* 본질적인 문제가 아니면 양보하고 이해하고 용서하면 된다.

4. 오늘 말씀을 통해 받은 은혜와 결단한 것을 말해 보라.

●암송할 성구 (고린도전서 12:27)

『너희는 그리스도의 몸이요 지체의 각 부분이라』

17 LESSON

선택

복을 싫어하는 사람은 없다. 그런데 복에 대한 집착 때문에 오히려 잘못된 선택을 해서 하나님이 주시는 복을 누리지 못하는 경우가 있음을 본다. 아브라함과 롯의 선택이 그 좋은 예라고 할 수 있다. 어떤 선택을 하고 살아야 하는지 말씀을 통해 살펴보도록 하자.

성경 본문 : 창세기 13:1-16

『[1] 아브람이 애굽에서 그와 그의 아내와 모든 소유와 롯과 함께 네게
브로 올라가니 [2] 아브람에게 가축과 은과 금이 풍부하였더라 [3] 그
가 네게브에서부터 길을 떠나 벧엘에 이르며 벧엘과 아이 사이 곧 전에
장막 쳤던 곳에 이르니 [4] 그가 처음으로 제단을 쌓은 곳이라 그가 거
기서 여호와의 이름을 불렀더라 [5] 아브람의 일행 롯도 양과 소와 장
막이 있으므로 [6] 그 땅이 그들이 동거하기에 넉넉하지 못하였으니 이
는 그들의 소유가 많아서 동거할 수 없었음이니라 [7] 그러므로 아브
람의 가축의 목자와 롯의 가축의 목자가 서로 다투고 또 가나안 사람
과 브리스 사람도 그 땅에 거주하였는지라 [8] 아브람이 롯에게 이르
되 우리는 한 친족이라 나나 너나 내 목자나 네 목자나 서로 다투게 하
지 말자 [9] 네 앞에 온 땅이 있지 아니하냐 나를 떠나가라 네가 좌하면
나는 우하고 네가 우하면 나는 좌하리라 [10] 이에 롯이 눈을 들어 요

단 지역을 바라본즉 소알까지 온 땅에 물이 넉넉하니 여호와께서 소돔
과 고모라를 멸하시기 전이었으므로 여호와의 동산 같고 애굽 땅과 같
았더라 [11] 그러므로 롯이 요단 온 지역을 택하고 동으로 옮기니 그들
이 서로 떠난지라 [12] 아브람은 가나안 땅에 거주하였고 롯은 그 지역
의 도시들에 머무르며 그 장막을 옮겨 소돔까지 이르렀더라 [13] 소돔
사람은 여호와 앞에 악하며 큰 죄인이었더라 [14] 롯이 아브람을 떠난
후에 여호와께서 아브람에게 이르시되 너는 눈을 들어 너 있는 곳에서
북쪽과 남쪽 그리고 동쪽과 서쪽을 바라보라 [15] 보이는 땅을 내가 너
와 네 자손에게 주리니 영원히 이르리라 [16] 내가 네 자손이 땅의 티
끌 같게 하리니 사람이 땅의 티끌을 능히 셀 수 있을진대 네 자손도 세
리라』

1. 본문을 요약하여 쉽게 말해보라.

2. 아브람이 가나안으로 다시 돌아와서 처음 한 일에 대해 살펴보자. (4절)

* 제단을 쌓고 하나님의 이름을 부르며 예배를 드렸다.
* 처음 예배드린 벧엘에서 다시 예배를 드렸다.
* 잘못된 선택으로 애굽으로 간 것에 대해 회개하고 가나안으로 인도하신 하나님께 감사를 드렸다.

〉〉 먼저 예배를 드리는 모습에서 느낀 점을 말해보라.

3. 목자들 사이에 다툼이 일어났을 때 아브람이 롯에게 한 말을 통해 느낀점을 말해보라.(7-9절)

(1) 다투게 하지 말자 (8절)

* 다툼은 하나님의 뜻이 아니다. 하나님은 화목하기를 원하신다.
* 사단은 항상 이간질해서 다투도록 한다.
* 친족끼리의 다툼은 이방인들(가나안 사람, 브리스 사람)의 조롱거리가 된다.(7절)
* 성도들이 다투면 믿지 않는 자의 조롱거리가 된다.

(2) 네가 좌하면 나는 우하고 네가 우하면 나는 좌하리라 (9절)

* 아브람은 롯에게 양보하고 있다.
* 아브람의 양보는 하나님에 대한 신뢰가 있었기에 가능했다.
* 아브람은 하나님이 모든 문제의 해결자임을 알았고, 하나님께 맡기는 여유있는 모습을 보여주었다
* 양보로 인해 영적인 권위를 가진 자의 모습을 보여주었다.

4. 롯의 선택을 보며 느낀 점을 말해보라.

(1) 10-11절

* 롯은 욕심으로 요단 지역을 선택했다.
* 롯이 요단지역을 보니 물이 넉넉하고 여호와의 동산처럼 보였고, 기름진 애굽 땅처럼 보였다.
* 욕심은 멀리 보지 못하게 하는 특징이 있다.
* 롯에게는 기름진 땅이 중요했다. 죄악으로 가득 찬 곳이라는 사실은 크게 중요하지 않았다.
* 다가올 소돔과 고모라의 멸망을 몰랐다.(아내를 잃고, 모든 재산은 잿더미가 됨)

(2) 12-13절

* 롯은 타락의 도시 소돔 외곽에서 살다가 죄악의 도시 소돔성 안으로 들어가 살게 된다.
* 이방의 세속 문화에 들어가 보니 풍요와 화려함이 좋았다.

* 한 번 세속 문화의 맛을 보면 계속 그 안으로 빨려 들어가게 된다. 마치 수렁과 같아서 서서히 땅 속으로 빨려 들어가는 것이다.

5. 하나님께서 아브람에게 주신 선물을 통해 깨달은 점을 말해보라. (14-16절)

* 롯이 기름진 땅에서 즐거워할 때, 아브람은 벧엘의 열악한 지역에서 방랑하고 있었다.
* 그 때 하나님은 아브람을 부르셔서 생각지도 않은 복인 가나안의 모든 땅을 너와 네 자손들에게 영원히 주겠다고 하셨다.
* 인생의 복은 하나님으로부터 온다는 사실을 믿고 하나님이 원하시는 편에 서야 한다.
* 아브람에게 주신 땅은 영원한 축복의 땅이었다.

6. 오늘 말씀을 통해 느낀 점과 결단한 것을 나누고 합심해서 기도하자.

●암송할 성구 (출애굽기 20:24)

『내게 토단을 쌓고 그 위에 네 양과 소로 네 번제와 화목제를 드리라 내가 내 이름을 기념하게 하는 모든 곳에서 네게 임하여 복을 주리라』

18 LESSON

자녀 교육

자녀를 향한 사랑은 다양한 모습으로 나타나지만 하나님께서 가르쳐 주신 자녀 사랑은 어렵거나 복잡하지 않다. 자녀를 향한 사랑은 올바른 신앙 교육으로 나타나야 한다. 그리하여 믿음의 가문을 세우고 다음세대를 살리는 주역이 되도록 해야 한다. 올바른 신앙 교육에 대해 말씀을 통해 배워 보도록 하자.

성경 본문 : 신명기 6:1-9

『[1] 이는 곧 너희의 하나님 여호와께서 너희에게 가르치라고 명하신
명령과 규례와 법도라 너희가 건너가서 차지할 땅에서 행할 것이니 [2]
곧 너와 네 아들과 네 손자들이 평생에 네 하나님 여호와를 경외하며
내가 너희에게 명한 그 모든 규례와 명령을 지키게 하기 위한 것이며
또 네 날을 장구하게 하기 위한 것이라 [3] 이스라엘아 듣고 삼가 그것
을 행하라 그리하면 네가 복을 받고 네 조상들의 하나님 여호와께서 네
게 허락하심 같이 젖과 꿀이 흐르는 땅에서 네가 크게 번성하리라 [4]
이스라엘아 들으라 우리 하나님 여호와는 오직 유일한 여호와이시니
[5] 너는 마음을 다하고 뜻을 다하고 힘을 다하여 네 하나님 여호와를
사랑하라 [6] 오늘 내가 네게 명하는 이 말씀을 너는 마음에 새기고 [7]
네 자녀에게 부지런히 가르치며 집에 앉았을 때에든지 길을 갈 때에든

지 누워 있을 때에든지 일어날 때에든지 이 말씀을 강론할 것이며 [8] 너는 또 그것을 네 손목에 매어 기호를 삼으며 네 미간에 붙여 표로 삼고 [9] 또 네 집 문설주와 바깥 문에 기록할지니라』

1. 본문의 내용을 쉽게 정리하여 요약해 보라.

2. 자녀교육의 목적은 무엇이어야 하는가?(신 6:2)

* 부모가 하나님이 원하시는 목적을 가질 때 자녀 교육을 제대로 할 수 있다.
* 경외란 '야레'라는 히브리말로 '두려워하다'라는 뜻이다.
* 절대적인 권능을 가지고 삶과 죽음의 모든 권한을 가지신 하나님을 경외하는 자가 되어야 한다,
* 하나님을 경외하지 않으면 쉽게 죄 속으로 빠진다.

〉〉 자녀 교육의 목적이 하나님이 주시는 목적과 일치한다고 생각하는가? 아니면 어떤 차이가 있나?

* 하나님은 모든 것이 하나님과의 관계에서부터 시작되어야 함을 가르쳐주신다.

3. 자녀 교육을 위해 우선되는 부모의 자세는 어떤 자세인가? (신 6:5)

* 하나님을 사랑해야 한다. 마음을 다해 사랑하고, 뜻을 다해 사랑하고, 힘을 다해 사랑해야 한다.
* 이는 전인격적으로, 생명을 바치듯이, 가지고 있는 모든 힘을 다해 사랑하라는 것이다.

〉〉 **우리가 항상 기억해야 할 하나님의 사랑은 무엇인가?**

4. 신명기 6장 6절을 통해 얻을 수 있는 교훈은 무엇인가?

* 마음에 새긴다는 것은 하나님 말씀이 자신의 사상이 되고, 삶이 되어야 함을 말씀하는 것이다.
* 자녀가 하나님 말씀대로 살아가게 하려면 하나님 말씀이 부모의 삶의 현장에서 드러나야 한다.

〉〉 **자녀를 가르치는 부모로서 부족한 삶은 무엇이라고 생각하나?**

5. 자녀의 신앙 교육을 위해 부모는 어떤 수고를 해야 하나?(신 6:7)

* 부지런한 부모가 자녀를 신앙으로 바르게 가르칠 수 있다.
* 부모는 생활 전 영역에서 말씀을 적용하도록 부지런히 가르쳐야 한다.
* 집에 있을 때에든지, 길을 갈 때에든지, 누워 있을 때에든지, 일어날 때에든지, 말씀을 가르쳐야 한다.
* 이 세상은 잘못된 문화, 유혹하는 달콤한 문화, 세상 풍습을 배우도록 한다.
* 부모의 부지런한 신앙교육이 자녀를 세상의 죄악으로부터 지킬 수 있음을 기억해야 한다.

〉〉 **자녀의 신앙교육을 위해 어떤 수고를 하고 있는가?**

〉〉 **자녀에게 신앙적으로 도움을 줄 만큼 부지런한가? 아니라면 무엇이 문제인가?**

6. 신명기 6장 8-9절이 주는 교훈을 말해보라.

* 부모는 자녀에게 신앙의 모델로 존경을 받아야 한다.
* 부모는 자녀의 삶의 나침반 역할을 해야 한다.
* 자녀들이 믿음의 가정이라는 자부심을 갖게 해야 한다.

〉〉 자녀들이 우리 가정이 믿음의 가정임을 자랑스럽게 여긴다고 생각하나?

* 부모가 심심찮게 싸우는 가정에서 자란 자녀들은 부모를 존경하지 않는다.

〉〉 자녀에게 좋은 신앙의 모델이 되기 위해 특별히 더 노력해야 할 부분이 무엇인지 말해보라.

7. 오늘 말씀을 통해 느낀 점과 결단한 것을 나누고 합심해서 기도하자.

● 암송할 성구 (신명기 6:7)

『네 자녀에게 부지런히 가르치며 집에 앉았을 때에든지 길을 갈 때에든지 누워 있을 때에든지 일어날 때에든지 이 말씀을 강론할 것이며』

19 LESSON

칭찬받는 청지기

누구에게나 결산의 시간이 있다. 결산의 시간에 지혜로운 청지기는 칭찬을 받는다. 그러나 어리석은 청지기는 책망을 받게 된다. 지혜로운 청지기는 주인의 뜻을 잘 헤아리는 사람이다. 지혜로운 청지기로 살기 위해 어떻게 살아야 하는지 살펴보도록 하자.

성경본문: 누가복음 16:1-9

『[1] 또한 제자들에게 이르시되 어떤 부자에게 청지기가 있는데 그가 주
인의 소유를 낭비한다는 말이 그 주인에게 들린지라 [2] 주인이 그를 불
러 이르되 내가 네게 대하여 들은 이 말이 어찌 됨이냐 네가 보던 일을
셈하라 청지기 직무를 계속하지 못하리라 하니 [3] 청지기가 속으로 이
르되 주인이 내 직분을 빼앗으니 내가 무엇을 할까 땅을 파자니 힘이 없
고 빌어 먹자니 부끄럽구나 [4] 내가 할 일을 알았도다 이렇게 하면 직
분을 빼앗긴 후에 사람들이 나를 자기 집으로 영접하리라 하고 [5] 주인
에게 빚진 자를 일일이 불러다가 먼저 온 자에게 이르되 네가 내 주인에
게 얼마나 빚졌느냐 [6] 말하되 기름 백 말이니이다 이르되 여기 네 증
서를 가지고 빨리 앉아 오십이라 쓰라 하고 [7] 또 다른 이에게 이르되
너는 얼마나 빚졌느냐 이르되 밀 백 석이니이다 이르되 여기 네 증서를
가지고 팔십이라 쓰라 하였는지라 [8] 주인이 이 옳지 않은 청지기가 일

을 지혜 있게 하였으므로 칭찬하였으니 이 세대의 아들들이 자기 시대에 있어서는 빛의 아들들보다 더 지혜로움이니라 [9] 내가 너희에게 말하노니 불의의 재물로 친구를 사귀라 그리하면 그 재물이 없어질 때에 그들이 너희를 영주할 처소로 영접하리라』

1. 본문을 알기 쉽게 정리하여 요약해 보라.

2. 하나님이 불러 주시기 전의 우리의 모습에 대해 아래 성경구절을 통해 살펴보자.

① 로마서 6장 17절

『하나님께 감사하리로다 너희가 본래 죄의 종이더니 너희에게 전하여 준 바 교훈의 본을 마음으로 순종하여』

* 이전에 우리는 죄의 종으로 죄를 이길 어떤 의지도 없었고 욕심에 찌들어 살았다.
* 마귀의 유혹에 넘어가기 쉬운 성향과 육체의 욕망에 따라 살았다.

② 요한복음 8장 44절

『너희는 너희 아비 마귀에게서 났으니 너희 아비의 욕심대로 너희도 행하고자 하느니라 그는 처음부터 살인한 자요 진리가 그 속에 없으므로 진리에 서지 못하고 거짓을 말할 때마다 제 것으로 말하나니 이는 그가 거짓말쟁이요 거짓의 아비가 되었음이라』

* 우리 본래의 실체를 말씀하고 있다. 우리가 마귀의 자식이라고 말씀한다. 참으로 놀랍고 충격적인 말씀이 아닐 수 없다.
* 마귀의 자식이던 우리를 하나님의 자녀로 삼아 주신 것은 황송한 일이 아닐 수 없다.

3. 오늘 본문인 누가복음 16장 1절과 9절을 통해 느낀 점을 말해보라.

* 청지기가 책망 받고 쫓겨날 위기에 처한 이유는 재물을 잘 사용하지 못했기 때문이다.
* '청지기'는 '집'이라는 단어와 '관리하다'는 단어의 합성어로 '주인의 재산을 맡아 관리하는 사람'이라는 뜻이다.
* 청지기는 자신이 재물의 청지기임을 인식하지 못했다.
* 성경에 나오는 청지기에 대한 내용 36개의 비유 가운데 17개가 재물과 관계된 내용이다.

〉〉 **내가 가진 재물의 주인이 하나님이시고, 나는 청지기에 불과하다는 사실 앞에서 무엇을 느끼나?**

4. 주인이 옳지 않은 청지기가 일을 지혜 있게 행하였다고 칭찬한 이유가 무엇인가?(8절)

* 이는 가진 재물을 나누어 주는 것이 주님의 뜻임을 말씀하신 것이다.
* 옳지 않은 청지기가 약삭빠르게 행동했지만 그 행동이 주님께서 원하시는 청지기의 바른 자세임을 알려 주신 것이다.

5. 하나님은 과거에 어떤 삶을 살았던지, 누구든지, 상관하지 않고 받아 주실 뿐 아니라 우리를 청지기로 삼아 주셨다. 감사한 일이 아닐 수 없다. 아래 성경을 통해 청지기의 자세에 대해 살펴보자.

① 고린도전서 6장 19-20절

『[19] 너희 몸은 너희가 하나님께로부터 받은바 너희 가운데 계신 성령의 전인 줄을 알지 못하느냐 너희는 너희 자신의 것이 아니라 [20] 값으로 산 것이 되었으니 그런즉 너희 몸으로 하나님께 영광을 돌리라』

* 하나님은 우리를 예수님의 생명과 맞바꾸시는 엄청난 대가를 지불하셨다.
* 우리는 하나님이 지불하신 그 엄청난 값을 해야 한다.

* 하나님께서 값으로 사셨다는 것은 하나님께서 나의 주인이라는 것을 나타낸다.

〉〉 하나님께서 엄청난 값을 지불하셨다는 사실 앞에 무엇을 느끼나?

〉〉 성령이 함께 하시는 성령의 전이라면 어떻게 살아야 할까?

〉〉 청지기인 우리는 주인이신 하나님께 영광을 돌려야 한다. 하나님께 영광을 돌려 드리기 위해 하는 일이 있으면 말해보라.

② 에베소서 5장 16-17절

『[16] 세월을 아끼라 때가 악하니라 [17] 그러므로 어리석은 자가 되지
말고 오직 주의 뜻이 무엇인가 이해하라』

* 청지기인 성도는 시간을 지혜롭게 사용하여 하나님께 영광을 돌려 드려야 한다.
* 시간을 허비하는 자는 어리석은 자이다. 시간을 허비하면 악한 일에 빠질 수 있다.

〉〉 지금 시간을 허비하고 있는 것은 무엇인가?

6. 오늘 말씀을 통해 느낀 점과 결단한 것을 나누고 합심해서 기도하자.

● 암송할 성구 (에베소서 5:16-17)

『세월을 아끼라 때가 악하니라 그러므로 어리석은 자가 되지 말고 오직 주의 뜻이 무엇인가 이해하라』

20 LESSON

재물

자신이 좇는 재물이 언젠가는 사라질 것을 알면서도 재물에 집착한다는 것은 참으로 서글픈 일이다. 그런데 대부분의 사람들이 그렇게 살아간다. 그러나 하나님의 자녀 된 우리의 삶은 어떠해야 하는 지 하나님의 말씀을 통해 살펴보도록 하자.

성경 본문 : 야고보서 4:13-17

『[13] 들으라 너희 중에 말하기를 오늘이나 내일이나 우리가 어떤 도
시에 가서 거기서 일 년을 머물며 장사하여 이익을 보리라 하는 자들아
[14] 내일 일을 너희가 알지 못하는도다 너희 생명이 무엇이냐 너희는
잠깐 보이다가 없어지는 안개니라 [15] 너희가 도리어 말하기를 주의
뜻이면 우리가 살기도 하고 이것이나 저것을 하리라 할 것이거늘 [16]
이제도 너희가 허탄한 자랑을 하니 그러한 자랑은 다 악한 것이라 [17]
그러므로 사람이 선을 행할 줄 알고도 행하지 아니하면 죄니라』

1. 사람들이 가장 중요하게 생각하는 것이 무엇인가?(약 4:13)

* 사람들은 모든 문제를 물질로 해결할 수 있을 것처럼 생각하며 물질 중심으로 살아간다.

〉〉 인생의 목적과 일의 계획이 어디에 초점이 맞추어져 있는지 말해보라.

2. 재물을 모으기 위해 어떤 계획을 세웠나?(약 4:13)

* 자신의 계획이 이루어질 일 년 이후에 대한 기대감에 부풀어 있다.
* 일 년 동안 어떤 도시에 가서 열심히 장사하여 많은 돈을 벌 계획을 세웠다.

3. 예수님은 재물에 대해 무엇이라고 하셨나?(마 6:24)

『한 사람이 두 주인을 섬기지 못할 것이니 혹 이를 미워하고 저를 사랑하거나 혹 이를 중히 여기고 저를 경히 여김이라 너희가 하나님과 재물을 겸하여 섬기지 못하느니라』

〉〉 하나님과 재물을 겸하여 섬길 수 없다는 것은 무슨 뜻인가?

* 재물을 위해 살면 하나님을 섬길 수 없다.
* 재물은 하나님께 견줄 만큼 사람을 사로잡는 힘이 있다는 것이다. 재물의 힘이 얼마나 대단한가를 잘 아시는 예수님의 말씀이다.

〉〉 하나님보다 재물을 더 섬긴 경우와 그 결과는 어떠했는가?

4. 부자가 되고자 하는 완벽한 계획보다 먼저 알아야 할 두 가지를 살펴보자.(약 4:14)

(1) 사람은 내일 일을 알지 못하는 존재이다.

*내일을 기대하며 완벽한 계획을 세워도 그 결과에 대해서는 장담할 수 없다.

*내일 일을 알 수 없기에 미래를 위해 세운 계획도 완벽하지 않다.

〉〉 이 사람의 모습을 보며 깨달은 것이 있으면 말해보라.

(2) 생명은 자신의 것이 아니다.

* 대부분의 사람들은 언제까지나 생명을 보장 받은 자처럼 살아간다. 이 땅에서 영원히 보장 받은 것처럼 착각하며 살아가는 것이다.

*영원히 살 것처럼 큰소리 쳐도 자신은 생명의 주인이 아니다.

〉〉 자신이 생명의 주인처럼 생각하고 살므로 범한 잘못이 있다면 말해보라.

5. 사람에게 생명과 재물은 중요하다. 하지만 더 중요한 것이 있다. 야고보서 4장 15절을 통해 말해보라.

*인생에게 가장 중요한 것은 주님의 뜻이다. 다시 말해 하나님의 뜻이다.

〉〉 하나님의 뜻대로 사는 것이 왜 중요한지 말해보라.

*모든 것이 하나님의 뜻에 따라 결정되기 때문이다.

*하나님의 뜻에 따라 살기도 하고 죽기도 하기에 주의 뜻이 최고의 가치이다.

*사람이 장사해서 돈을 많이 버는 것도 하나님의 뜻이 있어야 한다.

〉〉 어떤 일을 계획할 때 하나님의 뜻을 살피는가?

〉〉 하나님의 뜻과 상관없이 계획하고 열심히 노력하고 있는 것이 있다면 무엇인가?

6. 그리스도인은 어떻게 살아야 하는지 말해보라.(약 4:17)

『그러므로 사람이 선을 행할 줄 알고도 행하지 아니하면 죄니라』

* 선을 행하라고 하셨다. 하나님의 뜻을 행하는 것이 선이다.

〉〉 하나님의 뜻을 행하기 위해 노력해야 할 것이 있다면 무엇인지 말해보라.

7. 가장 중요한 하나님의 뜻은 무엇일까?(요 6:39)

『나를 보내신 이의 뜻은 내게 주신 자 중에 내가 하나도 잃어버리지 아니하고 마지막 날에 다시 살리는 이것이니라』

* 영혼을 구원하는 것이다.
* 천하보다 귀한 영혼을 주님께로 인도하는 것이다.
* 하나님의 뜻은 이 땅의 모든 사람에게 가장 가치 있는 선물, 영생을 주고 싶어 하신다.

〉〉 가장 중요한 하나님의 뜻인 영혼구원을 위해 재물을 어떻게 사용하고 있는가?

8. 오늘 말씀을 통해 받은 은혜와 결단한 것을 말해 보라.

● 암송할 성구 (요한복음 6:39)

『나를 보내신 이의 뜻은 내게 주신 자 중에 내가 하나도 잃어버리지 아니하고 마지막 날에 다시 살리는 이것이니라』

21 LESSON

섬김 1

| 섬김의 결과 |

예수 그리스도를 믿는 것은 세상적인 성공과는 거리가 멀다. 오히려 더 많은 고난이 기다린다. 예수님께서 이 세상에 오셔서 온갖 멸시와 고난을 당하신 것처럼 작은 예수인 우리 역시 그분의 뒤를 따라 고난의 길을 걸어야 하는 것이다. 그러나 그 길은 언뜻 보기에는 괴로워 보이지만 예수님을 따라가는 길이기에 행복한 길이다. 혹시 잘못된 길을 걷고 있다면 이 시간을 통해 다시 바른 길로 돌아오는 시간이 되도록 하자.

성경 본문 : 마태복음 20:20-28

『[20] 그 때에 세베대의 아들의 어머니가 그 아들들을 데리고 예수께 와
서 절하며 무엇을 구하니 [21] 예수께서 이르시되 무엇을 원하느냐 이
르되 나의 이 두 아들을 주의 나라에서 하나는 주의 우편에, 하나는 주의
좌편에 앉게 명하소서 [22] 예수께서 대답하여 이르시되 너희는 너희
가 구하는 것을 알지 못하는도다 내가 마시려는 잔을 너희가 마실 수 있
느냐 그들이 말하되 할 수 있나이다 [23] 이르시되 너희가 과연 내 잔을
마시려니와 내 좌우편에 앉는 것은 내가 주는 것이 아니라 내 아버지께
서 누구를 위하여 예비하셨든지 그들이 얻을 것이니라 [24] 열 제자가
듣고 그 두 형제에 대하여 분히 여기거늘 [25] 예수께서 제자들을 불러
다가 이르시되 이방인의 집권자들이 그들을 임의로 주관하고 그 고관들

이 그들에게 권세를 부리는 줄을 너희가 알거니와 [26] 너희 중에는 그렇지 않아야 하나니 너희 중에 누구든지 크고자 하는 자는 너희를 섬기는 자가 되고 [27] 너희 중에 누구든지 으뜸이 되고자 하는 자는 너희의 종이 되어야 하리라 [28] 인자가 온 것은 섬김을 받으려 함이 아니라 도리어 섬기려 하고 자기 목숨을 많은 사람의 대속물로 주려 함이니라』

1. 세베대의 아들의 어머니가 구한 것을 보면서 자신의 모습을 돌아보고 각자의 생각을 말해 보자.(20-21절)

(1) 이기심

* 예수님이 왕이 되시면 두 아들에게 높은 자리(권력과 명예)를 보장해 줄 것을 원하고 있다.

* 아들에 대한 집착과 사랑이 이기적인 모습으로 나타났다.

(2) 출세에 대한 욕심

* 세상 사람들은 서열로서 모든 것을 평가하려고 한다.

* 육적인 생각에 사로잡히면 세상 권력과 명예를 탐하게 되고 현재의 유익만 보게 된다.

(3) 불순한 동기

* 예수님의 제자들 중에는 가장 높은 자리를 차지하겠다는 불순한 동기를 가진 자들이 있었다.

* 직분을 통해 기득권을 누리고 싶어 한다면 이는 불순한 동기라고 할 수 있다.

* 하나님 나라의 유익보다 자신의 유익을 구하는 것은 불순한 동기이다.

2. 예수님의 대답은 무엇을 의미하는지 말해보라.(22절)

* 예수님은 야고보와 요한의 어머니가 부탁한 내용에 대해 "너희가 구하는 것을 알지 못한다"고 영적인 무지에 대해 말씀하셨다.

〉〉 **예수님이 마시려는 잔은 무엇을 의미하는가?**

〉〉 **예수님이 마시려는 잔과 제자들이 생각하는 잔의 차이에 대해 말해 보라.**

* 예수님이 마시려는 잔은 십자가의 고난을 두고 말씀하신 것이다.
* 예수님은 십자가의 고난을 통한 영광의 잔을 주기를 원하셨다.
* 제자들은 영광의 잔만을 구하고 있다.
* 그 잔을 마실 수 있다고 자신있게 말하고 있지만 어리석은 대답이다. 그들이 마셔야 할 잔은 영광의 잔이 아니라 고난의 잔이기 때문이다.

〉〉 **세상에서 영광을 얻으려는 제자들의 모습과 닮은 점이 있다면 솔직히 말해보라.**

3. 마태복음 20장 24절을 통해 느낀 점을 말해보라.

〉〉 **제자들이 분노한 이유가 무엇이라고 생각하는가?**

* 야고보와 요한에 대한 질투심과 함께 그들도 같은 생각을 가지고 있었기 때문일 것이다.
* 예수님의 뜻과 사역에는 관심이 없고 자기 잘 되기만 원하는 모습을 보이고 있다.

〉〉 **제자들의 이런 모습을 보고 예수님의 심정은 어떠했을까?**

4. 이방인의 집권자와 예수님의 제자는 어떤 차이가 있어야 하나? (25-26절)

* 높아지기 위해서 서로 질투하며 다투는 제자들의 모습을 보며 메시지를 주셨다.
* '이방의 집권자'란 세상의 권력자로, 부리는 권세를 가진다.
* 예수님의 제자는 하나님의 뜻을 이루어 드려야 하기에 섬기는 자가 되어야 한다.
* 하나님 나라에서는 섬기는 자가 큰 자이다.

5. 성도들이 섬기는 자가 되어야 하는 이유와 자세에 대해 말해보라. (27-28절)

(1) 이유

* 하나님 나라에서는 종이 되어야 으뜸이 된다고 하셨다.
* 세상에서 으뜸으로 인정받고자 하면 하나님 앞에서는 꼴찌가 될 수밖에 없다.
* 예수님께서 겸손히 섬겨주셨기 때문이다. 예수님이 대속물이 되신 것은 최고의 섬김이다.

(2) 자세

* 종 된 자세로 섬겨야 한다. 하나님의 종이기에 사람들로부터 좋은 평가를 기대할 필요가 없다. 주인이신 하나님의 칭찬만 받으면 된다.
* 하나님의 칭찬은 엄청난 보상과 위로와 기쁨임을 기억해야 한다.

〉〉 하나님 나라에서 으뜸이 되고 싶은 마음이 있는가? 그렇다면 앞으로의 각오를 말해보라.

6. 오늘 말씀을 통해 받은 은혜와 결단한 것을 말해 보라.

● 암송할 성구 (마태복음 20:27)

『너희 중에 누구든지 으뜸이 되고자 하는 자는 너희의 종이 되어야 하리라』

22 LESSON

섬김 2

ㅣ예수님의 장례ㅣ

하나님은 거대한 무리의 힘으로 자신의 뜻을 이루지 않으셨다. 언제나 소수의 헌신된 사람들을 통해 위대한 일을 이루셨다. 성경을 보라. 무리를 보여주지 않고 언제나 한 사람, 한 영혼을 보여주는데 집중하고 있다. 하나님께서는 내가 바로 그 한 사람이 되기를 원하신다.

성경 본문 : 누가복음 23:50-56

『[50] 공회 의원으로 선하고 의로운 요셉이라 하는 사람이 있으니 [51]
(그들의 결의와 행사에 찬성하지 아니한 자라) 그는 유대인의 동네 아리
마대 사람이요 하나님의 나라를 기다리는 자라 [52] 그가 빌라도에게 가
서 예수의 시체를 달라 하여 [53] 이를 내려 세마포로 싸고 아직 사람을
장사한 일이 없는 바위에 판 무덤에 넣어 두니 [54] 이 날은 준비일이요
안식일이 거의 되었더라 [55] 갈릴리에서 예수와 함께 온 여자들이 뒤를
따라 그 무덤과 그의 시체를 어떻게 두었는지를 보고 [56] 돌아가 향품
과 향유를 준비하더라 계명을 따라 안식일에 쉬더라』

1. 예수님의 장례를 치른 아리마대 사람 요셉은 어떤 사람인지 살펴보자.

① 누가복음 23장 50-51절

* 의로운 사람으로 산헤드린 공회원들이 예수님을 죽이려 할 때 공개적으로 반대했다.
* 하나님의 나라를 기다리는 자 (천국에 대한 소망을 가진 자)였다.
* '하나님의 나라를 기다리는' 이라는 말은 미완료형으로 예수님을 믿은 후 계속해서 하나님의 나라를 사모하며 기다리고 있었다는 것을 강조하는 표현이다.

② 요한복음 19장 38절

『아리마대 사람 요셉은 예수의 제자이나 유대인이 두려워 그것을 숨기더니 이 일 후에 빌라도에게 예수의 시체를 가져가기를 구하매 빌라도가 허락하는지라 이에 가서 예수의 시체를 가져가니라』

* 이전에는 두려워 자신이 예수님의 제자인 것을 숨겼다. 예수님의 죽음을 본 후에는 예수님의 시체를 달라고 했다.

〉〉 **두려워 하던 요셉이 예수님의 시체를 달라고 요구하게 된 계기가 무엇일까?**

* 이 일 후-예수님께서 십자가에서 끔찍한 취급 받으시는 것을 본 후 예수님의 시신을 장사지내야 되겠다고 생각하였다. 자신이 가진 것으로 헌신했다. 십자가의 사랑이 그를 변화시킨 것이다.

〉〉 **그리스도의 몸인 교회가 어려움을 당할 때 어떤 자세로 임하는가?**

③ 누가복음 23장 53절

『이를 내려 세마포로 싸고 아직 사람을 장사한 일이 없는 바위에 판 무덤에 넣어 두니』

* 십자가에서 예수님의 몸을 조심스럽게 내려 몸을 씻기고 향료를 넣고 세마포로 싸서 무덤으로 옮겼다.
* 세마포는 제사장의 의복으로 애굽의 총리가 된 요셉도 세마포를 입었다.(창 41:42)

* 요셉 자신을 위해 준비해둔 무덤에 왕이신 예수님의 장례를 정성을 다해 치렀다.

〉〉 요셉을 통해 배울 점이 무엇인가?

2. 예수님의 장례를 치를 때 함께 한 또 한 사람 니고데모에 대해 살펴보고 느낀 점을 말해보라.

① 요한복음 3장 1-3절

『[1] 그런데 바리새인 중에 니고데모라 하는 사람이 있으니 유대인의 지도자라 [2] 그가 밤에 예수께 와서 이르되 랍비여 우리가 당신은 하나님께로부터 오신 선생인 줄 아나이다 하나님이 함께 하시지 아니하시면 당신이 행하시는 이 표적을 아무도 할 수 없음이니이다 [3] 예수께서 대답하여 이르시되 진실로 진실로 네게 이르노니 사람이 거듭나지 아니하면 하나님의 나라를 볼 수 없느니라』

* 니고데모는 예수님을 찾아와 중생에 대해 물었고 예수님은 "누구든지 다시 태어나지 않으면 하나님의 나라를 볼 수 없다."고 하셨다. 니고데모가 부활을 믿고 천국에 대한 소망을 갖게 되었음을 알 수 있다.

② 요한복음 7장 50-51절

『[50] 그 중의 한 사람 곧 전에 예수께 왔던 니고데모가 그들에게 말하되
[51] 우리 율법은 사람의 말을 듣고 그 행한 것을 알기 전에 심판하느냐』

* 니고데모는 예수님을 잡으려는 바리새인들에게 항변하며 예수님을 보호하기 위해 힘썼다.

③ 요한복음 19장 39절

『일찍이 예수께 밤에 찾아왔던 니고데모도 몰약과 침향 섞은 것을 백 리트라 쯤 가지고 온지라』

* 공의회 산헤드린의 회원인 니고데모가 장사에 필요한 향료를 가지고 왔다.(산헤드린공회 - 종교적인 최고 결정기관)
* 몰약 - 아라비아산 고급향료, 침향 - 시체 부패 방지를 위해 사용.
* 백 리트라는 백 근(34킬로그램)으로 엄청나게 많은 양이다. 주님에 대한 사랑을 알 수 있다.
* 이 정도의 향품은 왕이나 왕족에 대한 예우를 하고 있다고 볼 수 있다.
* 니고데모는 자신을 드러내는 것을 좋아하지 않았다. 그러나 예수님의 십자가의 죽음을 보면서 적극적으로 예수님의 장례에 참여하고 있다. 십자가의 사랑이 그를 변화시킨 것이다.

3. 요셉과 니고데모의 공통점은 무엇이며 배워야 할 점은 무엇인가?

* 요셉과 니고데모 모두 십자가의 죽으심을 보고 두려움을 극복했다. 변화된 후 예수님을 적극적으로 보호하려고 했다.
* 자신들의 안위를 생각하지 않고, 주님을 위해 고난 받는 것을 두려워하지 않았다.

〉〉 예수님의 사랑을 확신하고 살 때 어떤 유익이 있나?

* 담대함과 평안함을 가질 수 있다.

4. 오늘 말씀을 통해 받은 은혜와 결단한 것을 말해 보라.

●암송할 성구 (요한복음 14:27)

『평안을 너희에게 끼치노니 곧 나의 평안을 너희에게 주노라 내가 너희에게 주는 것은 세상이 주는 것과 같지 아니하니라 너희는 마음에 근심하지도 말고 두려워하지도 말라』

23 LESSON

섬김 3

| 섬김의 가치 |

하나님은 마땅히 죽어야 할 우리를 위해 자신의 아들을 버리시면서 천국을 허락하셨다. 인간의 좁은 가슴에 절대로 다 담을 수 없는 무한한 사랑이다. 그런데 놀라운 것은 하나님이 구원받은 우리에게 천국과 더불어 상급까지 약속하셨다는 사실이다. 하나님은 말씀을 통해 자녀들의 헌신을 모두 갚아주실 것이라고 분명히 말씀하고 계신다.

성경 본문 : 고린도전서 3:10-15

『[10] 내게 주신 하나님의 은혜를 따라 내가 지혜로운 건축자와 같이 터
를 닦아 두매 다른 이가 그 위에 세우나 그러나 각각 어떻게 그 위에 세
울까를 조심할지니라 [11] 이 닦아 둔 것 외에 능히 다른 터를 닦아 둘
자가 없으니 이 터는 곧 예수 그리스도라 [12] 만일 누구든지 금이나 은
이나 보석이나 나무나 풀이나 짚으로 이 터 위에 세우면 [13] 각 사람의
공적이 나타날 터인데 그 날이 공적을 밝히리니 이는 불로 나타내고 그
불이 각 사람의 공적이 어떠한 것을 시험할 것임이라 [14] 만일 누구든
지 그 위에 세운 공적이 그대로 있으면 상을 받고 [15] 누구든지 그 공적
이 불타면 해를 받으리니 그러나 자신은 구원을 받되 불 가운데서 받은
것 같으리라』

1. 본문을 알기 쉽게 정리하여 요약해 보라.

2. 아래 성경을 통해 느낀 점을 말해보라.

① 고린도전서 9장 24절

『운동장에서 달음질하는 자들이 다 달릴지라도 오직 상을 받는 사람은 한 사람인 줄을 너희가 알지 못하느냐 너희도 상을 받도록 이와 같이 달음질하라』

* 경기에서 우승하기 위해 전력질주하는 것처럼 성도들도 하늘의 상을 받겠다는 목적을 향해 달려가라는 것이다.
* 바울은 하늘나라 상 받기를 간절히 사모했음을 알 수 있다.

〉〉 하늘나라 상에 대한 간절함이 있는가? 있다면 어떤 노력을 하고 있는가?

② 요한복음 15장 8절

『너희가 열매를 많이 맺으면 내 아버지께서 영광을 받으실 것이요 너희는 내 제자가 되리라』

〉〉 상 받기를 원하면 주님의 제자가 되기 위해 노력해야 한다. 그 이유가 무엇이라고 생각하는가?

* 제자는 주님의 마음을 알고 주님의 뜻을 행하기에 주님이 원하시는 열매를 많이 맺을 수 있다.
* 주님이 원하시는 열매를 많이 맺으면 하나님께서 영광을 받으신다.

3. 본문을 통해 느낀 점을 말해보라.

① 고린도전서 3장 10-11절

〉〉 예수 그리스도의 기초(터) 외에 다른 기초를 놓지 말라고 하신 이유가 무엇일까?

* 자기의 뜻이나 세상의 논리를 따라 잘못된 기초를 세우는 것을 경계했다. 그리스도의 터 외에 어떤 인물이나 사상이나 체계도 교회의 기초가 될 수 없다.

〉〉 하나님 말씀과 복음 외에 다른 것에 심취해 있지는 않은지 자신을 점검해 보자.

② 고린도전서 3장 12-14절

* 그리스도의 터 위에 금이나 은이나 보석으로 세우면 주님께서 오셔서 검증하실 때에 공적을 인정받아 칭찬 받게 된다.
* 예수님의 뜻을 기초로 하나님의 뜻을 이루어 드리기 위해 사역하면 많은 열매로 인해 영원히 빛날 상급이 있다.
* 바울 자신은 그리스도의 터 위에 건축을 한 지혜로운 자라고 자신 있게 말하고 있다. 바울의 많은 열매가 그것을 증명해 주고 있다.

〉〉 예수님을 믿은 이후에 자랑할 만한 열매가 있는가? 무엇인지 말해보라.

③고린도전서 3장 13-15절

* 나무나 풀이나 짚으로 세운 자들은 상급이 없다. 주님의 뜻과는 상관없이 일한 자들이다. 겨우 구원 받은 것으로 만족해야 할 자로 주님 앞에 내세울 것이 없는 자들이다.

〉〉 나무나 풀이나 짚은 불에 태워보면 아무 것도 남지 않는다. 이처럼 겉으로 보기에는 많은 일을 한 것처럼 보여도 '나무나 풀이나 짚'과 같은 판정을 받을 수 있다. 지금 당장 실천할 것이 무엇이라고 생각하나?

4. 어떻게 하면 금이나 은이나 보석으로 세워 공적이 드러날 수 있을까? 누가복음 14장 27절을 통해 살펴보자.

『누구든지 자기 십자가를 지고 나를 따르지 않는 자도 능히 내 제자가 되지 못하리라』

* 자기 십자가를 지고 예수님을 따라가야 한다. 십자가는 헌신과 희생, 섬김의 최고의 표현이다.
* 자기 십자가를 지고 섬기는 자가 제자이다.

5. 마태복음 23장 11절을 통해 느낀 점을 말해보라.

『너희 중에 큰 자는 너희를 섬기는 자가 되어야 하리라』

* 큰 자는 주님으로부터 인정받는 자로 지위와 상급이 보장된 자를 말한다.
* 주님나라에서는 섬기는 자가 큰 자이다.
* 섬김의 가치가 얼마나 중요한가를 말씀하고 있다.

6. 오늘 말씀을 통해 받은 은혜와 결단한 것을 말해 보라.

● 암송할 성구 (마태복음 23:11)

『너희 중에 큰 자는 너희를 섬기는 자가 되어야 하리라』

24 LESSON

섬김 4

ㅣ섬김의 삶ㅣ

예수님은 섬김으로 구원사역을 이루셨다. 예수님의 섬김이 우리에게 주신 것은 세상의 가치와 비교되지 않는다. 예수님은 친히 섬기는 자로 오셔서 본을 보여주시므로 우리가 어떤 자세로 섬기는 삶을 살아야 하는가를 가르쳐주셨다. 예수님이 원하시는 섬김을 배워 보도록 하자.

성경 본문 : 마태복음 20:28

『인자가 온 것은 섬김을 받으려 함이 아니라 도리어 섬기려 하고 자기 목숨을 많은 사람의 대속물로 주려 함이니라』

1. 예수님은 섬기기 위해 오셨다. 예수님은 어떻게 우리를 섬겨주셨는가?(마 20:28)

* 예수님은 자신의 목숨을 대속물로 내어 주심으로 우리에게 죄로부터의 영원한 자유와 영원한 생명을 주셨다.

〉〉 **우리가 섬김의 삶을 살아야 하는 이유는 무엇이라고 생각하나?**

* 섬김은 성도가 가져야 할 기본 정신이다.

2. 섬김의 자세를 성경을 통해 살펴보고 느낀 점을 말해보라.

① 마태복음 6장 2절

『그러므로 구제할 때에 외식하는 자가 사람에게서 영광을 받으려고 회당과 거리에서 하는 것 같이 너희 앞에 나팔을 불지 말라 진실로 너희에게 이르노니 그들은 자기 상을 이미 받았느니라』

* 사람들의 대가나 칭찬에 연연하지 마라.
* 사람들에게 대가를 바라고 칭찬 받기를 원하는 자는 하늘 나라에서 영광스런 상이 있음을 모르기 때문이다.
* 이 땅에서의 상에 집착하면 하늘나라의 상급이 없다.

〉〉 이 땅에서의 상에 연연하여 서운해 하고 낙심한 적이 있으면 말해보라.

② 마태복음 10장 42절

『또 누구든지 제자의 이름으로 이 작은 자 중 하나에게 냉수 한 그릇이라도 주는 자는 내가 진실로 너희에게 이르노니 그 사람이 결단코 상을 잃지 아니하리라 하시니라』

* 섬김에 대한 보상이 반드시 있다. 아무리 작은 섬김도 반드시 기억하고 보상해 주신다.
* 주님께서 주시는 상에 관심을 가지면 어떤 경우도 흔들리지 않는다.

〉〉 냉수 한 그릇의 봉사는 어떤 봉사라고 생각하는가?

③ 고린도전서 15장 10절

『그러나 내가 나 된 것은 하나님의 은혜로 된 것이니 내게 주신 그의 은혜가 헛되지 아니하여 내가 모든 사도보다 더 많이 수고하였으나 내가 한 것이 아니요 오직 나와 함께 하신 하나님의 은혜로라』

* 사도 바울은 그 누구보다 많이 섬겼다. 그러나 그 섬김은 자신이 한 것이 아니라 하나님이 주신 은혜라고 고백하고 있다.
* 사도 바울은 자신에게 베풀어 주신 구원의 선물로 인해 더 많이 섬기고 더 많이 수고했다.
* 섬길 수 있는 것은 하나님께서 섬길 수 있는 조건을 채워 주셨기 때문이다.
* 많이 봉사하고, 많이 줄 수 있는 것도 하나님께서 주셨기 때문이다.

〉〉 사도 바울의 섬김의 태도와 자신의 태도를 비교해볼 때 어떤 차이가 있는가?

3. 마가복음 10장 44절이 주는 교훈을 말해 보라.

『너희 중에 누구든지 으뜸이 되고자 하는 자는 모든 사람의 종이 되어야 하리라』

* 섬기는 자는 최고의 상인 으뜸상을 받게 된다.
* 이 세상의 그 어떤 상과도 비교되지 않는 최고의 상이다.

〉〉 하나님께서 으뜸이라고 인정해주실 만한 섬김의 자세를 가지고 있는가?

4. 마태복음 16장 27절을 통해 느낀 점을 말해 보라.

『인자가 아버지의 영광으로 그 천사들과 함께 오리니 그 때에 각 사람이 행한 대로 갚으리라』

* 행한 대로 갚아주시는 하나님이다.

〉〉 이 땅에서 섬긴 삶에 대해 하나님 앞에서의 최종 시상식이 기다리고 있다. 어떤 기대감이 있는가?

* 예수님의 섬김으로 누리는 영생의 복을 생각하며 섬김으로 하늘의 상을 받도록 하자.

5. 오늘 말씀을 통해 느낀 점과 결단한 것을 말해보라.

● 암송할 성구 (마태복음 16:27)

『인자가 아버지의 영광으로 그 천사들과 함께 오리니 그 때에 각 사람이 행한 대로 갚으리라』

25 LESSON

섬김 5

| 무익한 종 |

섬김의 삶은 다른 사람을 세워 주고 회복시켜 주는 삶이다. 예수님의 섬김으로 많은 사람이 회복되고 소망을 가지고 살게 되었다. 섬김의 마음이 없으면 화목한 관계를 유지할 수 없다. 예수님의 제자들이 서로 높아지려고 한 마음에 대해 예수님은 어린아이를 통해 교훈해 주셨다.

성경 본문 : 마가복음 9:33-37

『[33] 가버나움에 이르러 집에 계실새 제자들에게 물으시되 너희가 길
에서 서로 토론한 것이 무엇이냐 하시되 [34] 그들이 잠잠하니 이는 길
에서 서로 누가 크냐 하고 쟁론하였음이라 [35] 예수께서 앉으사 열두
제자를 불러서 이르시되 누구든지 첫째가 되고자 하면 뭇 사람의 끝이
되며 뭇 사람을 섬기는 자가 되어야 하리라 하시고 [36] 어린 아이 하나
를 데려다가 그들 가운데 세우시고 안으시며 제자들에게 이르시되 [37]
누구든지 내 이름으로 이런 어린 아이 하나를 영접하면 곧 나를 영접함
이요 누구든지 나를 영접하면 나를 영접함이 아니요 나를 보내신 이를
영접함이니라』

1. 내용을 쉬운 말로 표현해 보라.

2. 제자들은 길에서 어떤 논쟁을 했으며, 예수님의 질문에 침묵한 이유는 무엇인가?(34절)

* 서로에 대한 서열을 매기고 있었기에 예수님이 질문하실 때 마음이 찔렸다
* 예수님은 질문을 통해 제자들의 마음속에 잠재된 높아지려는 마음을 파헤쳐서 잘못을 깨닫게 해 주셨다.

3. 마가복음 9장 35절을 통해 주시는 교훈과 느낀 점을 말해보라.

『예수께서 앉으사 열두 제자를 불러서 이르시되 누구든지 첫째가 되고자 하면 뭇 사람의 끝이 되며 뭇 사람을 섬기는 자가 되어야 하리라 하시고』

(1) 첫째 되기를 좋아하지 말라.

* 예수님은 섬기는 자를 좋아 하신다.
* 첫째로 대우 받기를 좋아하는 자는 결코 섬기는 자가 될 수 없다.

〉〉 첫째 되고 싶은 마음이 있다면 솔직히 말해보라.

(2) 가장 낮은 자리에서 섬기는 자가 첫째이다.

* 예수님은 제자들 사이에서도 서로 경쟁하는 것을 못마땅하게 여기셨다.
* 예수님은 누가 많은 사람을 섬기느냐에 관심을 가지고 계신다.

〉〉 예수님께서 인정하시는 첫째가 되는 길이 세상원리와 정반대인 것을 보며 드는 생각을 말해보라.

4. 누가복음 17장 10절을 통해 느낀 점을 말해 보라.

『이와 같이 너희도 명령 받은 것을 다 행한 후에 이르기를 우리는 무익한 종이라 우리가 하여야 할 일을 한 것뿐이라 할지니라』

* 섬기는 자체로 만족하라고 하신 말씀이다.
* 종은 주인이신 하나님의 뜻을 행하는 것이 목적이기에 누구의 칭찬도 기대하지 말아야 한다.
* 섬김은 모든 사람을 만족시키고 주님께서 기뻐하신다.

〉〉 당신은 주님의 종이라고 자신 있게 말할 수 있는가? 아직도 부족한 부분이 있으면 말해 보라.

5. 예수님은 어린아이들을 섬김의 예로 들고 있다. 그 이유가 무엇이라고 생각하나?(36-37절)

* 예수님 당시 어린아이는 상징적으로 가장 낮은 자였다.
* 미숙하고 낮은 자들이 섬김의 대상이 된다는 사실을 확인시켜 주셨다.
* 어린아이 같은 자들을 진정으로 섬길 때, 주님께서 원하시는 섬김의 도를 실천하는 것이라고 할 수 있다.

〉〉 어린아이 같은 자들에 대한 예수님의 생각과 자신의 생각은 어떤 차이가 있나?

〉〉 종의 자세로 섬기고 있는가? 그렇지 않다면 돌이켜야 할 문제는 무엇인가?

6. 오늘 말씀을 통해 느낀 점과 결단한 것을 나누고 합심해서 기도하자.

● 암송할 성구 (누가복음 17:10)

『이와 같이 명령받은 것을 다 행한 후에 이르기를 우리는 무익한 종이라 우리가 하여야 할 일을 한 것 뿐이라 할지니라』

26 LESSON

하나님의 동역자

교회의 직분이 귀한 이유는 하나님 나라를 위해 일하는 하나님의 동역자이기 때문이다. 하나님의 동역자가 된다는 것은 참으로 영광스러운 일이 아닐 수 없다. 하나님께서 우리를 구원해 주신 것만 해도 감격스럽고 감사한데 하나님 나라 일에 우리를 참여시켜 주신다는 것은 놀랍고 감동적인 일이다. 바울의 자랑스런 동역자들에 대해 살펴보므로 주님의 뜻을 살펴보도록 하자.

성경 본문 : 로마서 16:1-9

『[1] 내가 겐그레아 교회의 일꾼으로 있는 우리 자매 뵈뵈를 너희에게
추천하노니 [2] 너희는 주 안에서 성도들의 합당한 예절로 그를 영접하
고 무엇이든지 그에게 소용되는 바를 도와 줄지니 이는 그가 여러 사람
과 나의 보호자가 되었음이라 [3] 너희는 그리스도 예수 안에서 나의 동
역자들인 브리스가와 아굴라에게 문안하라 [4] 그들은 내 목숨을 위하여
자기들의 목까지도 내놓았나니 나뿐 아니라 이방인의 모든 교회도 그들
에게 감사하느니라 [5] 또 저의 집에 있는 교회에도 문안하라 내가 사랑
하는 에배네도에게 문안하라 그는 아시아에서 그리스도께 처음 맺은 열
매니라 [6] 너희를 위하여 많이 수고한 마리아에게 문안하라 [7] 내 친척
이요 나와 함께 갇혔던 안드로니고와 유니아에게 문안하라 그들은 사도

들에게 존중히 여겨지고 또한 나보다 먼저 그리스도 안에 있는 자라 [8]
또 주 안에서 내 사랑하는 암블리아에게 문안하라 [9] 그리스도 안에서
우리의 동역자인 우르바노와 나의 사랑하는 스다구에게 문안하라』

1. 사역의 열매를 많이 맺은 바울이 자주 사용한 단어가 '동역자'이다. '동역자'는 '함께 일하는 자'라는 뜻으로 바울이 가는 사역현장에는 언제나 평신도 동역자들이 함께 했다. 그들 중에는 세상에서 인정받지 못한 사람도 있었고 여자들도 많았다. 로마서 16장에 기록된 바울의 자랑스런 동역자 중 몇 사람만 살펴보도록 하자.

(1) 뵈뵈 (롬 16:1-2)

* 겐그레아 교회 일꾼이었던 자매로 많은 동역자 중 가장 먼저 소개하고 있다.
* 초대교회의 성도들을 향한 호칭은 형제와 자매였다. '뵈뵈'라는 자매를 바울은 추천하고 있다. 여기서 '추천'은 '보증하며 추천하다'의 뜻이 있다.
* '그가 여러 사람과 나의 보호자가 되었음이라'라는 말씀은 복음 전파를 위해 물질적인 후원에 적극적인 자였음을 알 수 있다.

(2) 브리스가와 아굴라 (롬 16:3-4)

* 브리스가와 아굴라 부부를 '그리스도 예수 안에서 나의 동역자'라고 소개하고 있다
* 브리스가와 아굴라 부부는 복음 전파를 위해 바울과 함께 동역하며 목숨을 걸고 헌신했다. 이 귀한 동역자를 바울은 자랑하며 추천하고 있다.

(3) 우르바노 (롬16:9)

* '우르바노'는 당시 노예들에게 흔한 이름이다.
* 동역자가 되는데 신분은 문제가 되지 않음을 보여준다.

(4) 아리스도블로(롬16:10)

* 아리스도불로 - 헤롯 대왕의 친족으로 글라오디오 황제의 신하로 알려져 있다.

〉〉 예수님을 믿으면 누구나 하나님의 동역자가 될 수 있다는 사실을 통해 느낀점을 말해보라.

〉〉 바울이 자랑한 동역자들을 보며 깨달은 것을 말해보라.

〉〉 당신은 하나님께서 자랑스럽게 여기는 동역자라고 생각하는가? 그렇지 않다면 무엇이 문제인가?

2. 하나님의 동역자인 직분자를 세우신 목적을 에베소서 4장 11-12절에서 살펴보자.

(엡 4:11-12)『[11] 그가 어떤 사람은 사도로, 어떤 사람은 선지자로, 어떤 사람은 복음 전하는 자로, 어떤 사람은 목사와 교사로 삼으셨으니 [12] 이는 성도를 온전하게 하여 봉사의 일을 하게 하며 그리스도의 몸을 세우려 하심이라』

(1) 성도를 온전케 하여 봉사의 일을 하게 하기 위함이다.

* 교회 직분자는 성도들이 영적으로 성숙하는데 도움을 주어야 한다는 뜻이다.

* 직분자는 성도들에게 신앙의 본을 보이고 신앙생활을 바르게 할 수 있도록 잘 섬겨야 한다.

* 온전하게 된 성도들은 봉사의 일을 하게 된다.'봉사'는 '디아코니아' 라는 헬라어로 집사인 '디아코노스'(봉사자, 집사)에서 유래된 말이다.

(2) 건강한 교회를 세우기 위함이다.

* 하나님의 동역자인 직분자는 건강한 교회를 세우는데 최선을 다해야 한다.

〉〉 건강한 교회를 세우기 위해 어떻게 동역하고 있는가?

3. 디모데전서 3장 13절을 통해 깨달은 점을 말해보라.

『집사의 직분을 잘한 자들은 아름다운 지위와 그리스도 예수 안에 있는 믿음에 큰 담력을 얻느니라』

* '아름다운 지위'란 하나님으로부터 인정받아 영광스러운 자리에 앉게 될 것을 말씀하는 것이다.
* 믿음의 큰 담력을 얻게 되면 큰 믿음을 소유하여 큰 일을 맡겨 주셔도 잘 감당하게 된다.

〉〉 **맡겨진 직분을 잘 감당하고 있다고 생각하는가?**

〉〉 **직분자로서 바꾸어야 할 태도가 있다면 무엇인가?**

4. 오늘 공부를 통해 결단한 것을 말하라.

● 암송할 성구 (디모데전서 3:13)

『집사의 직분을 잘한 자들은 아름다운 지위와 그리스도 예수 안에 있는 믿음에 큰 담력을 얻느니라』

27 LESSON

교회 1

| 만물을 충만하게 하는 교회 |

교회는 성도들이 각자의 역할을 잘 감당할 때 건강하고 좋은 교회가 된다 하나님은 이 원리를 그리스도의 몸이라는 사실을 통해서 알려 주셨다. 교회는 그리스도의 몸이다. 교회가 그리스도의 몸이라는 것은 교회에 대해 가장 잘 알려 주시는 말씀이다.

성경 본문 : 에베소서 1:21-23

『[21] 모든 통치와 권세와 능력과 주권과 이 세상뿐 아니라 오는 세상에
일컫는 모든 이름 위에 뛰어나게 하시고 [22] 또 만물을 그의 발 아래에
복종하게 하시고 그를 만물 위에 교회의 머리로 삼으셨느니라 [23] 교
회는 그의 몸이니 만물 안에서 만물을 충만하게 하시는 이의 충만함이
니라』

1. 에베소서 1장 23절에서 '교회가 그리스도의 몸'이라는 말씀은 교회가 하고 있는 일이 무엇인지 잘 알려 주고 있다. 교회는 어떤 일을 하는 공동체인지 말해보라.

* 예수님께서 하신 일을 하는 공동체이다.

* 교회가 그리스도의 몸이라는 것은 교회가 이 땅에서 예수님께서 하신 일을 계속해서 해야 함을 알려 주신 것이다.

2. 교회가 해야 할 일이 무엇인지 마태복음 9장 35절을 통해 말해보라.

『예수께서 모든 도시와 마을에 두루 다니사 그들의 회당에서 가르치시며 천국 복음을 전파하시며 모든 병과 모든 약한 것을 고치시니라』

* 예수님께서 이 땅에서 하신 일에 대해 말씀하고 있다.
* 그리스도의 몸인 교회는 마땅히 예수님께서 이 세상에서 하신 일을 계속 해야 한다.

(1) **가르치시고-**

(2) **전파하시며-**

(3) **고치시니라-**

3. 그리스도의 몸인 교회는 이 세상에서 가장 존귀한 공동체이다. 그 이유를 말해보라.

* 사람에게 몸이 귀하듯이 예수님의 몸으로 불리는 교회는 너무나 귀하다.
* 예수님께서 생명을 주셔서 세워진 교회가 그리스도의 몸이라 불리는 것은 지극히 당연하다.
* 교회가 그리스도의 몸이라는 것은 지체인 성도들이 교회를 귀하게 여겨야 함을 알려 주신 것이다.

〉〉 **교회를 존귀한 공동체로 여기고 있는가?**

〉〉 **교회를 귀하게 여겨서 하고 있는 일이 무엇인가?**

4. 고린도전서 12장 27절을 통해 느낀 점을 말해보라.

『너희는 그리스도의 몸이요 지체의 각 부분이라』

* 예수 믿는 순간 모든 성도들은 그리스도의 몸인 교회의 지체가 된다.

〉〉 **존귀한 공동체 교회의 지체라는 사실을 어떻게 생각하는가?**

* 참으로 황송하고 감사한 일이 아닐 수 없다.
* 지체란 몸의 일부가 되었다는 것이다. 지체가 맡은 역할을 잘 감당하는 것이 그리스도의 몸인 교회를 귀하게 여기는 것이 된다.
* 지체된 성도들은 예수님의 비전이 내 비전이 되고, 예수님의 꿈이 내 꿈이 되어야 한다.

5. 교회에서 맡겨주신 사역을 잘 감당하면 이 세상을 거룩한 영향력으로 가득하게 하는 일, 곧 만물을 충만하게 하는 사역에 쓰임 받게 된다.(엡 1:23) 교회에서 지체로서 어떤 역할을 감당하고 있나?

* 맡은 역할을 잘 감당할 때 그리스도의 몸인 교회가 건강한 교회가 된다.

〉〉 **맡은 일 중에서 잘 감당하고 있는 것이 무엇인지 말하고, 부족한 부분이 있으면 말해 보라.**

* 지체로서 맡은 역할을 잘 감당할 때 건강한 교회를 이루어 이 땅에 예수님께서 원하시는 영향력을 행사하게 된다.
* 지체로서의 역할을 잘 감당하면 많은 사람을 천국으로 인도하는 영광스런 사역에 동참하는 것이 된다.

6. 맡은 역할을 잘 감당하기 위해서는 영적으로 성숙한 자가 되어야 한다. 어떻게 성숙한 자가 될 수 있는지 아래 성경을 통해 말해보라.

① 디모데후서 3장 16-17절

『[16] 모든 성경은 하나님의 감동으로 된 것으로 교훈과 책망과 바르게 함과 의로 교육하기에 유익하니 [17] 이는 하나님의 사람으로 온전하게 하며 모든 선한 일을 행할 능력을 갖추게 하려 함이라』

* 하나님 말씀을 통해 성숙한 자가 된다.
* 온전한 자가 된다는 것은 예수님의 인격과 삶을 최대한 닮는 자가 된다는 뜻이다. 예수님의 제자가 된다는 뜻이기도 하다.

② 예레미야 15장 16절

『만군의 하나님 여호와시여 나는 주의 이름으로 일컬음을 받는 자라 내가 주의 말씀을 얻어 먹었사오니 주의 말씀은 내게 기쁨과 내 마음의 즐거움이오나』

* 하나님 말씀을 먹는다는 것은 행한다는 것이다.
* 하나님 말씀을 행할 때 영적으로 성숙한 자가 된다.

7. 오늘 말씀을 통해 느낀 점과 결단한 것을 말해 보라.

●암송할 말씀 (마태복음 9:35)

『예수께서 모든 도시와 마을에 두루 다니사 그들의 회당에서 가르치시며 천국 복음을 전파하시며 모든 병과 모든 약한 것을 고치시니라』

28 LESSON

교회 2

| 예수님의 제자와 교회 |

부활하신 예수님에 대한 확신은 우리 신앙의 기초가 된다. 부활하셔서 지금도 살아계신 예수님이 교회를 다스리신다는 사실을 믿을 때 성도의 한 사람으로 지체로서 살아갈 수 있는 것이다. 예수님은 살아계시며 지금도 만물의 통치자로서 나를 다스리고 계신다.

성경 본문 : 에베소서 1:15-23

『[15] 이로 말미암아 주 예수 안에서 너희 믿음과 모든 성도를 향한 사
랑을 나도 듣고 [16] 내가 기도할 때에 기억하며 너희로 말미암아 감사
하기를 그치지 아니하고 [17] 우리 주 예수 그리스도의 하나님, 영광의
아버지께서 지혜와 계시의 영을 너희에게 주사 하나님을 알게 하시고
[18] 너희 마음의 눈을 밝히사 그의 부르심의 소망이 무엇이며 성도 안
에서 그 기업의 영광의 풍성함이 무엇이며 [19] 그의 힘의 위력으로 역
사하심을 따라 믿는 우리에게 베푸신 능력의 지극히 크심이 어떠한 것
을 너희로 알게 하시기를 구하노라 [20] 그의 능력이 그리스도 안에서
역사하사 죽은 자들 가운데서 다시 살리시고 하늘에서 자기의 오른편에
앉히사 [21] 모든 통치와 권세와 능력과 주권과 이 세상뿐 아니라 오는
세상에 일컫는 모든 이름 위에 뛰어나게 하시고 [22] 또 만물을 그의 발
아래에 복종하게 하시고 그를 만물 위에 교회의 머리로 삼으셨느니라

[23] 교회는 그의 몸이니 만물 안에서 만물을 충만하게 하시는 이의 충만함이니라』

1. 사도 바울은 에베소 교인들을 위한 중보기도를 통해 지극히 크신 하나님의 능력을 알기를 원하고 있다. 하나님의 크신 능력은 무엇인가?(19-20절)

* 하나님의 지극히 크신 능력은 부활의 능력으로 20절에서 '죽은 자들 가운데서 다시 살리신 능력'이라고 말씀한다.
* 예수님의 부활은 우리에게도 부활이 있음을 보여주신 놀라운 사건이다.

〉〉 **부활에 대한 소망을 가진 후 달라진 것이 있으면 말해 보라.**

2. 부활이 없다면 어떻게 될것인지 고린도전서 15장 13-14절을 통해 살펴보자.

『[13] 만일 죽은 자의 부활이 없으면 그리스도도 다시 살아나지 못하셨으리라 [14] 그리스도께서 만일 다시 살아나지 못하셨으면 우리가 전파하는 것도 헛것이요 또 너희 믿음도 헛것이며』

* 예수 그리스도의 부활을 믿지 않는다면 복음전하는 것도 헛것이며 믿음도 헛것이라고 말씀한다.
* 사도 바울은 성도들이 부활의 능력을 제대로 알기를 원하고 있다. 이는 예수님의 부활이 우리에게 영생이 있고 천국이 있음을 보여 주신 사건이기 때문이다.

3. 하나님의 우편에 앉으신 예수님의 권세에 대해 에베소서 1장20-21절을 통해 살펴보자.(참고-벧전 3:22)

* 성경에는 여러 곳에서 예수님이 하나님 우편에 계신다고 하셨는데 이는 성부 하나님의 보좌에 있는 최고의 위치에 계시는 분으로 예수님이 만물의 통치자이심을 말씀하는 것이다.
* 만물의 통치자이신 예수님은 모든 지배자, 권세자, 왕들, 이 세상과 다음 세상에 있는 그 어느 누구보다도 뛰어나신 분이다.
* 이 권세 앞에 누구도 복종할 수밖에 없다.

(벧전 3:22)『그는 하늘에 오르사 하나님 우편에 계시니 천사들과 권세들과 능력들이 그에게 복종하느니라』

* 예수님은 이 세상과 오는 세상에서도 모든 이름 위에 뛰어나신 분이다.
* 예수님은 우리가 사는 이 세상 뿐 아니라 오는 세상에서도 가장 뛰어나신 영원한 왕이심을 말씀하는 것이다.

〉〉 영원한 왕이신 예수님을 향해 어떤 마음과 자세를 가져야 할까?

4. 에베소서 1장 22절을 통해 느낀 점을 말해보라.

* 예수님은 모든 만물의 지배자이시기에 예수님을 머리로 모신 교회는 만물 위에 있음을 말씀하고 있다.
* 예수님, 교회, 만물의 순서가 됨을 알 수 있다.

5. 교회의 머리이신 예수님이란 무슨 뜻인가?

* 예수님의 뜻에 따라 움직이는 교회가 되어야 함을 말씀하는 것이다.
* 교회는 예수님의 뜻을 이루어 드리기 위해 존재하기 때문이다.
* 교회는 사람의 뜻을 따르지 않는다. 예수님의 뜻에 따라 행동할 때 건강한 교회, 건강한 성도가 되는 것이다.

6. 에베소서 1장 23절이 주는 의미를 말해 보라.

(1) 교회는 그의 몸이니

* 교회는 머리되신 예수님의 뜻을 받들어 몸의 역할을 잘 감당해야 한다.
* 교회가 예수님이 하신 일을 잘 감당해야 한다.
* 예수님의 뜻을 이루기 위해 온 힘을 다해 노력해야 함을 말씀한다.

(2) 만물 안에서 만물을 충만하게 하시는 이의 충만함이니라.

* 그리스도의 몸 된 교회를 이루는 성도들은 예수님의 뜻을 이루어 드리기 위한 마음으로 가득 차 있어야 한다.
* 세상으로 나가서 예수님의 뜻을 세상에 가득 채워야 한다.
* 가정과 자신이 속한 공동체를 복음으로 채워서 많은 영혼들이 예수님을 믿게 해야 한다.
* 교회를 통해 거룩한 영향력이 세상에 넘치도록 해야 한다.

7. 오늘 말씀을 통해 받은 은혜와 결단한 것을 말해 보라.

●암송할 성구 (베드로전서 3:22)

『그는 하늘에 오르사 하나님 우편에 계시니 천사들과 권세들과 능력들이 그에게 복종하느니라』

29 LESSON

교회 3

| 신앙 공동체 |

교회나 다른 지체들의 도움 없이도 신앙생활을 잘 할 수 있다고 착각하는 사람들이 많다. 그러나 하나님께서는 우리를 개인적으로 부르신 것이 아니라 공동체를 통해서 부르셨다. 가정, 교회, 국가와의 관계없이 존재할 수는 없다. 성도는 예수님의 몸 된 교회의 지체로서 이 땅에 존재하는 것이다. 자신이 지체임을 모르고 살아갈 때 자신 뿐 아니라 공동체까지 아픔을 겪게 한다. 나는 과연 어떤 모습으로 신앙생활을 하고 있는지 살펴보자.

성경 본문 : 민수기 32:6-19

『[6] 모세가 갓 자손과 르우벤 자손에게 이르되 너희 형제들은 싸우러
가거늘 너희는 여기 앉아 있고자 하느냐 [7] 너희가 어찌하여 이스라엘
자손에게 낙심하게 하여서 여호와께서 그들에게 주신 땅으로 건너갈 수
없게 하려 하느냐 [8] 너희 조상들도 내가 가데스바네아에서 그 땅을 보
라고 보냈을 때에 그리 하였었나니 [9] 그들이 에스골 골짜기에 올라가
서 그 땅을 보고 이스라엘 자손을 낙심하게 하여서 여호와께서 그들에
게 주신 땅으로 갈 수 없게 하였었느니라 [10] 그 때에 여호와께서 진노
하사 맹세하여 이르시되 [11] 애굽에서 나온 자들이 이십 세 이상으로
는 한 사람도 내가 아브라함과 이삭과 야곱에게 맹세한 땅을 결코 보지

못하리니 이는 그들이 나를 온전히 따르지 아니하였음이니라 [12] 그러나 그나스 사람 여분네의 아들 갈렙과 눈의 아들 여호수아는 여호와를 온전히 따랐느니라 하시고 [13] 여호와께서 이스라엘에게 진노하사 그들에게 사십 년 동안 광야에 방황하게 하셨으므로 여호와의 목전에 악을 행한 그 세대가 마침내는 다 끊어졌느니라 [14] 보라 너희는 너희의 조상의 대를 이어 일어난 죄인의 무리로서 이스라엘을 향하신 여호와의 노를 더욱 심하게 하는도다 [15] 너희가 만일 돌이켜 여호와를 떠나면 여호와께서 다시 이 백성을 광야에 버리시리니 그리하면 너희가 이 모든 백성을 멸망시키리라 [16] 그들이 모세에게 가까이 나아와 이르되 우리가 이 곳에 우리 가축을 위하여 우리를 짓고 우리 어린 아이들을 위하여 성읍을 건축하고 [17] 이 땅의 원주민이 있으므로 우리 어린 아이들을 그 견고한 성읍에 거주하게 한 후에 우리는 무장하고 이스라엘 자손을 그 곳으로 인도하기까지 그들의 앞에서 가고 [18] 이스라엘 자손이 각기 기업을 받기까지 우리 집으로 돌아오지 아니하겠사오며 [19] 우리는 요단 이쪽 곧 동쪽에서 기업을 받았사오니 그들과 함께 요단 저쪽에서는 기업을 받지 아니하겠나이다』

1. 요단을 건너지 않고 요단 동편에 안주하겠다는 르우벤과 갓지파를 향해 모세가 엄하게 책망하고 있다. 민수기 32장 6절을 통해 느낀 점을 말해보라.

* 모세는 다른 형제들은 싸우러 가는데 너희들은 어찌하여 여기 앉아 있고자 하느냐고 책망하고 있다. 감당해야 할 사명을 망각하고 있는 것에 대해 지적하고 있는 것이다.

〉〉 자신이 맡은 사명을 감당하는데 방해 되는 것이 무엇인가? 르우벤과 갓지파를 보며 말해보라.

〉〉 자신의 일이나 이익에 마음을 빼앗겨서 맡은 사명을 소홀히 여긴 적이 있으면 말해보라.

2. 교회에 직분자가 많지만 정작 무슨 일을 해야 하는지 모르는 경우가 많다. 직분을 주신 목적에 대해 에베소서 4장 11-12절을 통해 살펴보자.

『[11] 그가 어떤 사람은 사도로, 어떤 사람은 선지자로, 어떤 사람은 복음 전하는 자로, 어떤 사람은 목사와 교사로 삼으셨으니 [12] 이는 성도를 온전하게 하여 봉사의 일을 하게 하며 그리스도의 몸을 세우려 하심이라』

〉〉 직분을 주신 목적이 무엇인가?

* 하나님께서 직분을 주신 이유는 성도들을 준비시켜 섬기는 자가 되도록 하며, 그리스도의 몸인 교회를 세우게 하기 위함이다.
* 직분은 벼슬이나 명예가 아니다. 다른 지체에게 영적으로 유익을 주어 하나님 나라 일꾼이 될 수 있도록 섬기고, 건강한 교회가 되도록 노력해야 한다.

〉〉 직분을 주신 목적에 맞게 사역하고 있다고 생각하는가? 어떤 자세로 사역하고 있는가?

3. 이스라엘 백성이 요단강을 건너지 않게 해 달라고 한 이유가 무엇인가? 민수기 32장 1, 5절을 통해 살펴보라.

『[1] 르우벤 자손과 갓 자손은 심히 많은 가축 떼를 가졌더라 그들이 야셀 땅과 길르앗 땅을 본즉 그 곳은 목축할 만한 장소인지라 … [5] 또 이르되 우리가 만일 당신에게 은혜를 입었으면 이 땅을 당신의 종들에게 그들의 소유로 주시고 우리에게 요단 강을 건너지 않게 하소서』

* 많은 가축 떼를 소유하고, 그 가축 떼를 목축하기 좋은 땅이었기에 그 땅을 달라고 요구하고 있다.

〉〉 **이들의 요구를 보며 느낀 점을 말해보라.**

4. 민수기 32장 7절에서 모세가 중요시하고 있는 것은 무엇인가?

* 모세에게 중요한 것은 이스라엘 백성이 가나안 입성에 앞서 낙심하지 않게 하는 일이었다.

〉〉 **이기적인 생각이나 욕심 때문에 내가 속한 공동체(가정, 교회)에 부정적인 영향을 끼치고 있는 것은 없는가? 있다면 어떻게 해야 할까?**

5. 두 지파의 뒤늦은 깨달음과 헌신에 대한 약속을 통해 느낀 점을 말해보라.(민 32:16-19)

〉〉 **모세의 책망에 두 지파는 자신들의 문제를 깨닫고 자신들의 의무를 다할 것을 약속한다. 그 내용을 자세히 열거해 보라.**

* 요단 동편 땅을 차지할 수 있게 해주면 가나안을 완전히 정복하기 까지는 군인들이 자신들의 땅으로 돌아오지 않겠다고 말한다.
* 뒤늦게나마 공동체 일원으로서의 책임을 감당하겠다고 맹세하고 있다.
* 서쪽 가나안 땅은 넘보지 않겠다고 맹세하고 있다.
* 그들은 끝까지 약속을 지켰고 공동체를 위해서 싸웠다.
* 자신들에게 이미 분배된 땅으로 인해 가나안 정복을 위해 함께 싸워야 한다는 것을 잠시 잊고 있었지만, 말씀을 듣고 자신들의 사명을 깨닫고 가나안 전쟁에 끝까지 참여하여 사명을 잘 감당하였다. 주님께서 맡겨 주신 사역은 어떤 경우든 최선을 다해야 한다.

(고전 4:2) 『그리고 맡은 자들에게 구할 것은 충성이니라』

6. 요한일서 2장 17절 말씀을 통해 주시는 교훈에 대해 말해 보라.

『이 세상도, 그 정욕도 지나가되 오직 하나님의 뜻을 행하는 자는 영원히 거하느니라』

* 세상에서 누리고 있는 것은 다 사라지게 되지만 하나님의 뜻대로 사는 사람은 영원히 살 것이다

〉〉 **하나님의 뜻대로 살지 않고 내 뜻대로 행하고 있는 것이 있으면 말해보라.**

7. 오늘 말씀을 통해 받은 은혜와 결단한 것을 말해 보라.

●암송할 성구 (요한일서 2:17)

『이 세상도, 그 정욕도 지나가되 오직 하나님의 뜻을 행하는 자는 영원히 거하느니라』

LESSON **30**

예수님의 제자 1

| 제자 삼으라 |

세상은 우리가 예수님을 믿는 것을 달갑게 여기지 않는다. 우리의 신앙을 조롱하고 공격하는 일은 이미 예수님 당시부터 있어왔지만, 예수님은 오히려 한 영혼에 대한 사랑으로 제자 삼으라고 말씀하셨다. 제자 삼는 사역은 세상 모든 권세를 손에 쥐신 예수님이 함께 하시기에 대적자들의 방해에도 더 힘 있게 전파되었다. 제자 삼아야 할 이유를 살펴보자.

성경 본문 : 마태복음 28:11-20

『[11] 여자들이 갈 때 경비병 중 몇이 성에 들어가 모든 된 일을 대제사
장들에게 알리니 [12] 그들이 장로들과 함께 모여 의논하고 군인들에게
돈을 많이 주며 [13] 이르되 너희는 말하기를 그의 제자들이 밤에 와서
우리가 잘 때에 그를 도둑질하여 갔다 하라 [14] 만일 이 말이 총독에게
들리면 우리가 권하여 너희로 근심하지 않게 하리라 하니 [15] 군인들이
돈을 받고 가르친 대로 하였으니 이 말이 오늘날까지 유대인 가운데 두
루 퍼지니라 [16] 열한 제자가 갈릴리에 가서 예수께서 지시하신 산에
이르러 [17] 예수를 뵈옵고 경배하나 아직도 의심하는 사람들이 있더라
[18] 예수께서 나아와 말씀하여 이르시되 하늘과 땅의 모든 권세를 내게
주셨으니 [19] 그러므로 너희는 가서 모든 민족을 제자로 삼아 아버지와
아들과 성령의 이름으로 세례를 베풀고 [20] 내가 너희에게 분부한 모든

것을 가르쳐 지키게 하라 볼지어다 내가 세상 끝날까지 너희와 항상 함께 있으리라 하시니라』

1. 예수님의 부활을 알리지 못하게 방해한 자들은 누구이며 어떤 방법을 사용했는가? 마태복음 28장 11-15절을 통해 살펴보고 느낀 점을 말해 보라.

* 예수님의 부활 소식이 무덤을 지키던 경비병을 통해 대제사장들에게 알려졌다. 대제사장들은 예수님의 부활을 거짓으로 조작했다.
* 군인들을 돈으로 매수하여 예수님의 제자들이 밤에 시신을 도둑질하여 갔다고 거짓 소문을 퍼뜨리도록 했다.
* 예수님의 부활 사실을 알리지 못하게 한 첫 번째 힘은 돈이었다.
* 예수님의 부활을 알리지 못하게 한 두 번째 힘은 세상 권력이었다.

2. 예수님의 마지막 메시지라고 할 수 있는 지상명령(마 28:18-20)을 하실 때 분위기는 예수님의 부활이 조작이라고 소문을 내며 예수님을 대적하고 핍박하는 상황이었다. 아래 말씀을 통해 느낀 점을 말해 보라.

① 18절

『예수께서 나아와 말씀하여 이르시되 하늘과 땅의 모든 권세를 내게 주셨으니』

* 예수님은 지금까지 하지 않던 말씀을 하셨다. 예수님이 하늘과 땅의 모든 권세를 가졌다고 말씀하셨다.
* 하늘과 땅의 모든 권세는 이 세상의 그 어떤 왕도 가질 수 없는 권세이다. 오직 하나님만이 가질 수 있는 권세이다.
* 이 말씀은 바로 예수님이 하늘과 땅의 모든 권세를 가지신 하나님임을 밝힌 것이다.

② 19절

『그러므로 너희는 가서 모든 민족을 제자로 삼아 아버지와 아들과 성령의 이름으로 세례를 베풀고』

* 예수님은 '모든 민족을 제자 삼으라'고 하셨다.
* 마태복음 28장 18-20절 말씀에서 주동사는 '가라'와 '삼으라'는 두 개의 명령이다.
* 먼저 가야 한다. (가서 복음을 전해야 한다. 복음을 듣지 못한 민족이나 사람들을 찾아가야 한다)
* 복음을 전하는 것은 생명을 살리는 사역이기에 적극적인 자세를 가져야 한다.
* 예수님을 믿고 하나님의 자녀가 되었다면 모든 민족을 마음에 품어야 한다. (세계를 향한 비전을 가져야 한다)
* 물론 가까이는 내 가족부터 시작되어야 한다. 이것이 하나님의 마음이었다.
* 교회를 사랑해야 한다. 이 땅의 모든 교회가 건강해져서 복음을 전하도록 기도해야 한다.
* 제자 삼아야 한다. (예수님은 건물이나 조직, 프로그램을 말씀하지 않으셨다)

〉〉 제자삼기 위해 하고 있는 일이 무엇인가?

* 제자 삼기 위해 전도해서 세례를 주고 가르쳐야 한다.

③ 20절

『내가 너희에게 분부한 모든 것을 가르쳐 지키게 하라 볼지어다 내가 세상 끝날까지 너희와 항상 함께 있으리라 하시니라』

* '제자를 삼다'에 해당하는 헬라어는 '마데튜사데'로 '가르치고 훈련시키다'의 뜻이다.
* 제자 삼는 사역을 할 때 주님의 보호를 확신해야 한다.

〉〉 제자 삼는 사역을 할 때 항상 함께 하신다는 말씀에서 주님의 어떤 마음을 느끼는가?

* 제자 삼는 사역은 주님께서 가장 원하시는 사역이다.(마 6:33)

3. 우리 모두 예수님의 제자가 되어야 하는 이유를 생각나는 대로 말해보라.(요 15:8)

『너희가 열매를 많이 맺으면 내 아버지께서 영광을 받으실 것이요 너희는 내 제자가 되리라』

* 제자가 많아야 건강한 교회가 된다.
* 예수님의 제자는 십자가를 져야 하는 곳으로 간다.(편하게 누릴 곳으로 가지 않는다)
* 전도가 안 되는 교회로 가면 전도의 불쏘시개가 되고, 섬기지 않고 서로 높아지려는 교회로 가면 섬김의 모델이 된다.
* 제자들은 가는 곳마다 성도에게 유익을 주고 주님의 몸 된 교회에 유익을 준다.
* 이 땅에 사는 동안 최고의 영광은 예수님의 제자가 되는 것이다.

4. 예수님의 제자가 되기 위해서 어떤 노력을 해야 하나?

* 우리를 위해 생명을 아끼지 않으시고 제물이 되시고 천국을 선물로 주신 자비로우신 예수님의 제자가 되는 것은 최고의 영광이다.

5. 오늘 말씀을 통해 느끼고 결단한 것을 말하고 기도제목을 가지고 기도하자.

●암송할 성구 (요한복음 15:8)

『너희가 열매를 많이 맺으면 내 아버지께서 영광을 받으실 것이요 너희는 내 제자가 되리라』

LESSON **31**

예수님의 제자 2

| 삶의 영향력 |

성도는 예수님의 십자가와 부활로 다시 태어난 자이다. 예수님의 생명으로 다시 태어난 자이기에 생각 없이 아무렇게나 살 수 없다. 마음에서부터 달라야 한다. 그리고 이 땅의 삶이 끝이 아니다. 결산의 시간이 있다. 결산의 시간에 자랑할 것이 있어야 한다. 사도 바울을 통해 주시는 예수님의 제자로 사는 삶에 대해 배워 보도록 하자.

성경 본문 : 빌립보서 2:5-16

『[5] 너희 안에 이 마음을 품으라 곧 그리스도 예수의 마음이니 [6] 그는
근본 하나님의 본체시나 하나님과 동등됨을 취할 것으로 여기지 아니하
시고 [7] 오히려 자기를 비워 종의 형체를 가지사 사람들과 같이 되셨고
[8] 사람의 모양으로 나타나사 자기를 낮추시고 죽기까지 복종하셨으니
곧 십자가에 죽으심이라 [9] 이러므로 하나님이 그를 지극히 높여 모든
이름 위에 뛰어난 이름을 주사 [10] 하늘에 있는 자들과 땅에 있는 자들
과 땅 아래에 있는 자들로 모든 무릎을 예수의 이름에 꿇게 하시고 [11]
모든 입으로 예수 그리스도를 주라 시인하여 하나님 아버지께 영광을 돌
리게 하셨느니라 [12] 그러므로 나의 사랑하는 자들아 너희가 나 있을
때뿐 아니라 더욱 지금 나 없을 때에도 항상 복종하여 두렵고 떨림으로
너희 구원을 이루라 [13] 너희 안에서 행하시는 이는 하나님이시니 자기

의 기쁘신 뜻을 위하여 너희에게 소원을 두고 행하게 하시나니 [14] 모든
일을 원망과 시비가 없이 하라 [15] 이는 너희가 흠이 없고 순전하여 어
그러지고 거스르는 세대 가운데서 하나님의 흠 없는 자녀로 세상에서 그
들 가운데 빛들로 나타내며 [16] 생명의 말씀을 밝혀 나의 달음질이 헛되
지 아니하고 수고도 헛되지 아니함으로 그리스도의 날에 내가 자랑할 것
이 있게 하려 함이라』

1. 본문의 내용을 쉽게 정리하여 요약해 보라.

2. 그리스도 예수의 마음을 품으라고 하셨다(5절). 예수님의 마음은 어떤 마음인가?(요일 4:8)

『사랑하지 아니하는 자는 하나님을 알지 못하나니 이는 하나님은 사랑이 심이라』

* 예수님은 우리를 지극히 사랑하셔서 죄로부터 구원하기 위해 오셨다.

* 우리가 가져야 할 첫 번째의 마음은 사랑의 마음이다.

〉〉 사랑하기 힘든 자가 있다면 어떻게 해야 할까?

3. 8절에서 우리가 품어야 할 마음은 예수님의 겸손이다. 예수님의 겸손에 대해 말해 보라.

* 성자 하나님이신 예수님께서 사람의 모양으로 나타나시므로 창조주가 피조물의 낮은 위치까지 내려 오셨다.

* 겸손하신 예수님은 자신의 생명까지 아낌없이 주셨다.

* 예수님의 겸손은 순종으로 이어졌다. 겸손과 순종은 쌍둥이라는 말이 있다.

〉〉 자신을 낮추지 못해 하나님 말씀에 순종하지 않고 있는 것이 있으면 말해 보라.

4. 9-10절은 겸손과 순종의 결과에 대한 말씀이다. 느낀 점을 말해 보라.

* 모든 이름 위에 뛰어난 이름을 주셨다.
* 자기를 낮추신 예수님을 더 이상 올라가지 못할 자리까지 지극히 높여 주셨다.
* 하나님은 겸손한 자를 귀하게 여기고 높여 주신다.

5. 11절을 읽고 느낀 점을 말해 보라.

* 낮아질 때 하나님께서 영광을 받으신다.
* 성도들의 겸손한 자세가 하나님의 이름을 높여 드린다.

〉〉 겸손해서 얻은 유익이 있으면 말해 보라
(예 : 가정· 직장· 교회· 지체와의 관계)

6. 예수의 마음을 품고 사는 자는 어떤 결과가 있는지 아래 성경을 통해 살펴보자.

① 15절

* 빛의 자녀로 영향력을 행사하며 살게 된다.

* 생각이 바뀌고 말이 바뀌니 가는 곳마다 유익을 끼친다.

〉〉 자신의 모습은 어떤가? 빛과 소금의 역할을 감당한다고 생각하나?

② 16절

* 삶의 변화로 생명의 말씀을 전하게 된다.

* 사도 바울은 복음을 전하므로 큰 영향을 끼쳤음을 알 수 있다.

〉〉 삶의 변화를 통해 복음의 열매를 거둔 적이 있는가?

* 주님 앞에서 자랑할 것이 있는 자가 된다.

7. 오늘 말씀을 통해 느낀 점과 결단한 것을 나누고 합심해서 기도하자.

● 암송할 성구 (요한계시록 22:12)

『보라 내가 속히 오리니 내가 줄 상이 내게 있어 각 사람에게 그가 행한 대로 갚아 주리라』

LESSON 32

예수님의 제자 3

| 지상 대명령 |

예수님께서 이 땅에서 하신 마지막 명령을 지상 대명령이라고 한다. 마지막 유언과 같은 권세 있는 명령이기에 어떤 명령보다도 예수님의 소원이 담겨 있다고 할 수 있다. 지상 대명령에 대해 살펴보므로 주님의 뜻을 살펴 행하는 시간이 되도록 하자.

성경 본문 : 마태복음 28:18-20

『[18] 예수께서 나아와 말씀하여 이르시되 하늘과 땅의 모든 권세를 내
게 주셨으니 [19] 그러므로 너희는 가서 모든 민족을 제자로 삼아 아버
지와 아들과 성령의 이름으로 세례를 베풀고 [20] 내가 너희에게 분부
한 모든 것을 가르쳐 지키게 하라 볼지어다 내가 세상 끝날까지 너희와
항상 함께 있으리라 하시니라』

1. 예수님이 가지신 하늘과 땅의 모든 권세에 대해 말해보라.

① 마태복음 9장 2절

『침상에 누운 중풍병자를 사람들이 데리고 오거늘 예수께서 그들의 믿음을 보시고 중풍병자에게 이르시되 작은 자야 안심하라 네 죄 사함을 받았느니라』

* 죄를 사하는 권세를 가지셨다.
* 사람의 가장 큰 문제는 죄의 문제이다. 죄는 사람을 파멸로 몰고 간다.

② 마가복음 1장 25-27절

『[25] 예수께서 꾸짖어 이르시되 잠잠하고 그 사람에게서 나오라 하시니
[26] 더러운 귀신이 그 사람에게 경련을 일으키고 큰 소리를 지르며 나
오는지라 [27] 다 놀라 서로 물어 이르되 이는 어찜이냐 권위 있는 새 교
훈이로다 더러운 귀신들에게 명한즉 순종하는도다 하더라』

* 귀신도 순종하는 권세를 가지셨다.
* 그 누구의 말도 듣지 않는 귀신도, 예수님의 권세 있는 말씀 앞에서는 순종했다.

③ 마가복음 4장 39절

『예수께서 깨어 바람을 꾸짖으시며 바다더러 이르시되 잠잠하라 고요하라 하시니 바람이 그치고 아주 잔잔하여지더라』

* 예수님은 상식을 초월한 권세를 가지셨다
* 바람을 잔잔하게 하시고, 물 위로 걸어가신 것은 예수님이 어떤 분인가를 보여 주신 것이다.
* 자연의 질서까지 바꾸실 수 있는 예수님은 창조주이심을 보여 주신 것이다.

④ 마가복음 5장 41-42절

『[41] 그 아이의 손을 잡고 이르시되 달리다굼 하시니 번역하면 곧 내가

네게 말하노니 소녀야 일어나라 하심이라 [42] 소녀가 곧 일어나서 걸으니 나이가 열두 살이라 사람들이 곧 크게 놀라고 놀라거늘』

* 죽음을 굴복시키는 권세, 영원한 생명을 주는 권세를 가지셨다.
* 예수님은 죽은 자를 살리셨다. 말씀 한 마디로 살리신 권세 있는 분이다.
(회당장 야이로의 딸, 나인성 과부의 외아들, 죽은 나사로를 살리셨다)

⑤ 요한복음 5장 27절
『또 인자됨으로 말미암아 심판하는 권한을 주셨느니라』

* 심판의 권세, 최고의 상을 주시는 권세(요 5:27, 계 22:12)
* 예수님은 심판의 권세를 가지셨다. 예수님은 최후의 심판을 주관하신다.
* 심판자의 권위를 가지신 주님은 이 땅에서 행한 대로 상 주시는 분이다.

〉〉 **예수 믿기 전에는 어떤 권세를 따르고 살았는가?**

〉〉 **예수님의 권세를 보며 느낀 점을 말해보라.**

2. 권세를 가지신 예수님의 명령이 주는 교훈을 통해 느낀 점과 적용할 것에 대해 말해보자.

(1) 가서

* 예수님은 먼저 '가라' 고 하신다. (가서 복음을 전해야 한다)
* 이는 우리에게 적극적인 자세를 주문하고 계시는 것이다. 소극적인 자세나 계산적인 자세를 가지고는 전도할 수 없다.

〉〉 **전도자로서 적극적인 자세를 가지고 있는가? 그 증거를 말해보라.**

(2) 모든 민족을 제자로 삼아

* 예수님은 모든 민족을 마음에 품으셨다. 모든 민족을 사랑하신다.
* 온 세계의 모든 민족이 하나님 앞에 나오는 것이 예수님의 소원이다. 그러므로 우리는 꿈을 크게 가져야 한다.
* 더 많은 사람을 위해 기도하고 찾아가서 주님의 제자로 삼아야 한다.
* 모든 민족에게 복음을 전해서 제자 삼기 위해서는 전 생애를 다 바쳐도 부족할 것이다.

3. 제자 삼는 사역에 헌신하는 자에게 어떤 약속을 하셨는가?(마 28:20)

* '항상 함께 하시겠다'고 약속하셨다.
* 주님은 제자 삼는 자들을 사랑하심을 알아야 한다.

〉〉 **제자 삼는 사역에 어떻게 동역하고 있는가?**

4. 오늘 말씀을 통해 느낀 점과 결단한 것을 나누고 합심해서 기도하자.

● 암송할 성구 (로마서 10:15)

『보내심을 받지 아니하였으면 어찌 전파하리요 기록된 바 아름답도다 좋은 소식을 전하는 자들의 발이여 함과 같으니라』

MEMO